たのしい!
科学のおはなし
年生
監修
横山 正
高橋書店

はじめに

みなさんは、科学《かがく》って何《なに》か、知《し》っていますか？
人間《にんげん》の体《からだ》、どうぶつ、しょくぶつ。
くらしの中《なか》でつかわれる、どうぐや、きかい。
空《そら》や川《かわ》や海《うみ》などの、しぜん。
そして、わたしたちがすんでいる、ちきゅうや、うちゅう。

これらについて、学《まな》んだり、しらべたりすることが、科学《かがく》です。
つまり科学《かがく》は、わたしたちがくらす、毎日《まいにち》の中《なか》にかくれているのです。

この本《ほん》では、そんな科学《かがく》のおはなしを、たくさんあつめました。なかには、おとなもおどろくようなひみつが書《か》かれています。ぜひ声《こえ》に出《だ》して読《よ》んで、新《あたら》しいことを、たくさん知《し》っていってください。読《よ》むうちに、また新《あたら》しいふしぎが見《み》つかるかもしれません。

科学《かがく》のせかいでは、新《あたら》しいことが、どんどんけんきゅうされています。だから、いま正《ただ》しいと思《おも》われていることも、まったくちがうものにかわることがあります。

みなさんが小《ちい》さな科学者《かがくしゃ》になって、ふしぎに思《おも》ったことを、自分《じぶん》の手《て》でたしかめたり、新《あたら》しく学《まな》んでいったりしてくれたら、こんなにうれしいことはありません。

もくじ

くらしのおはなし

きかいのおはなし

うちゅう・ちきゅうのおはなし

編集協力　株式会社アルバ
執筆協力　伊原 彩　栗栖美樹　永山多恵子　大西光代
青木美登里
校正協力　鴎来堂
本文デザイン　坂川朱音+小木曽杏子（朱猫堂）
DTP　チャダル108
イラスト　よしださやか　ナカニシヒカル　メセグリン
あずきみみこ　髙栁浩太郎　コルシカ
写真　PIXTA　photolibrary　Pixabay

の　おはなし

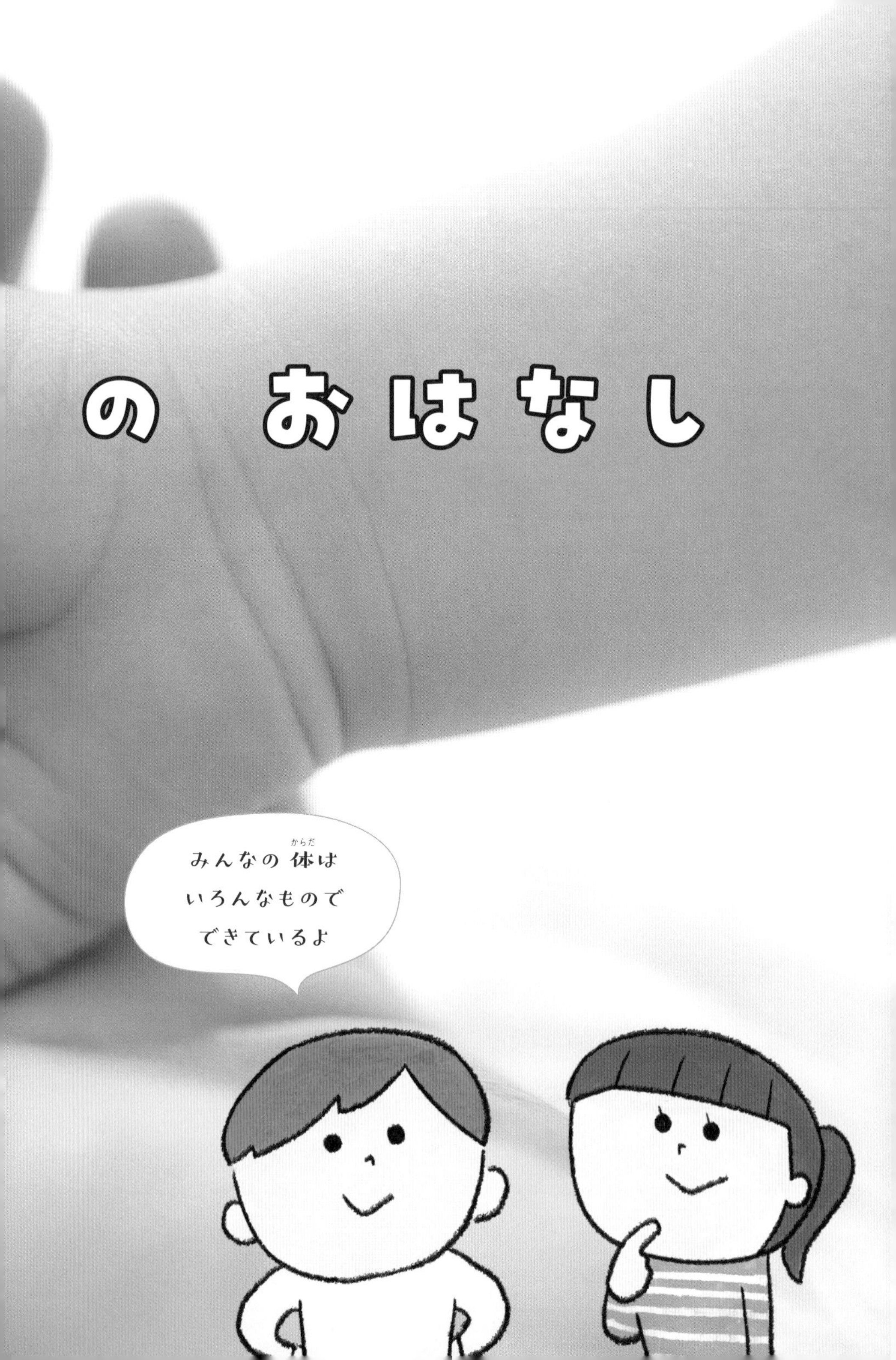
みんなの 体《からだ》は
いろんなもので
できているよ

体《からだ》

体《からだ》の中《なか》をのぞいてみると、
たくさんのしくみが見《み》つかります。
こんなふうに、なっていたんだ！　と
びっくりすること、まちがいなしです。

体《からだ》のおはなし

どうしてくしゃみやせきをするの？

「ハックション！」

くしゃみをすると、空気《くうき》といっしょに、はな水《みず》が外《そと》にとび出《だ》しますね。じつは、それがくしゃみをするりゆうです。

いきをするとき、はなのあなや口《くち》から、空気《くうき》をすいこみます。このとき、細《こま》かいごみやばいきんまで、いっしょに体《からだ》の中《なか》に、入《はい》ってきてしまうことがあります。

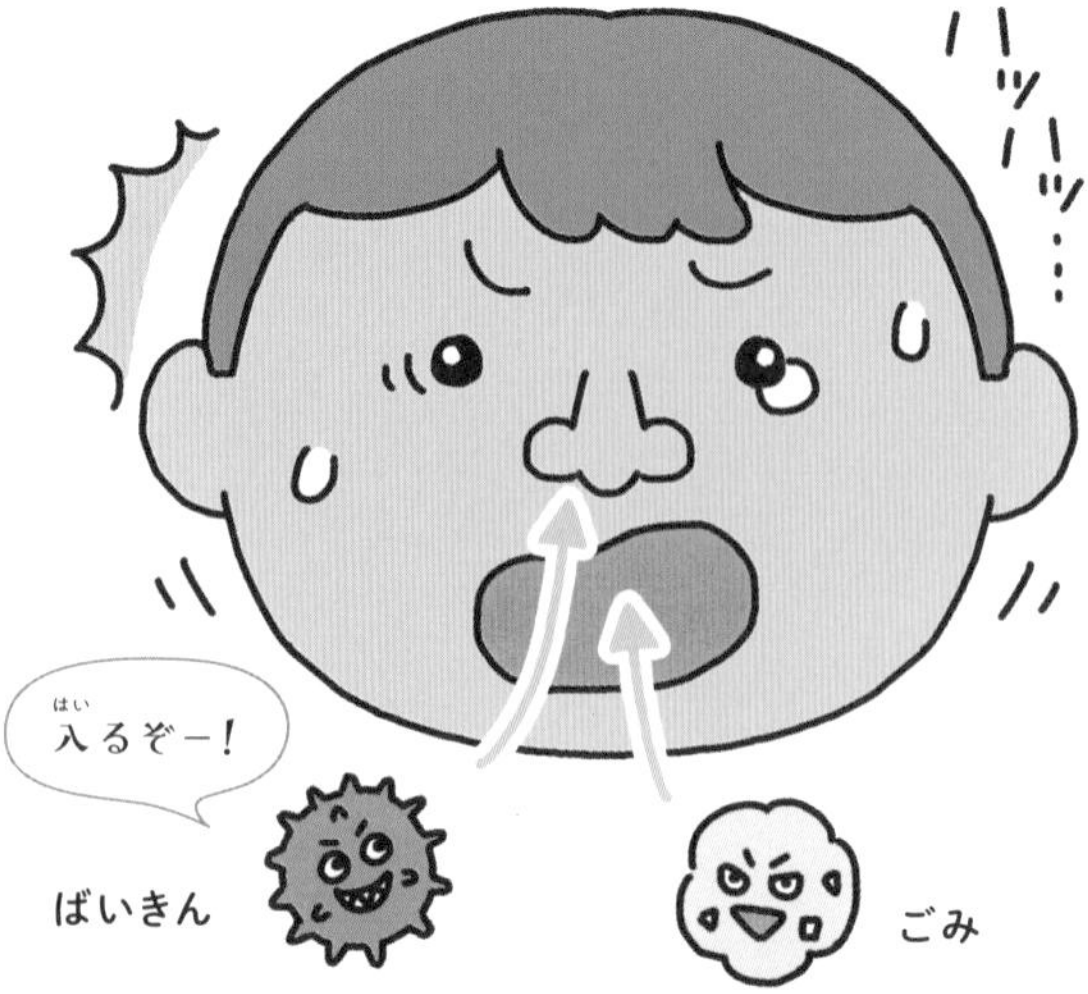

ごみやばいきんがはなや口《くち》に入《はい》る

はなのあなの中《なか》は、いつもしめっています。ごみなどをくっつけて、体《からだ》のおくに入《はい》っていかないようにするためです。

ごみなどがくっつくと、はなの中《なか》がムズムズします。そこで、いきおいよく、くしゃみやせきをして、空気《くうき》といっしょに外《そと》へふきとばすのです。

せきも、同《おな》じしくみです。大《おお》きく空気《くうき》をすいこみ、せきをして、のどに引《ひ》っかかったものを、外《そと》にはき出《だ》します。

くしゃみやせきは、体《からだ》をまもるための、はんのうのひとつなのです。

くしゃみやせきでごみやばいきんを外《そと》へ出《だ》す

はな水《みず》が しょっぱいわけ

はな水《みず》が口《くち》に入《はい》ってしまったとき、しょっぱいなと思《おも》ったことがありませんか？　どうしてでしょう。

はなの中《なか》を見《み》てみよう

はなの中《なか》には毛細血《もうさいけっ》かんがはりめぐらされています。じつは、はな水《みず》はこの毛細血《もうさいけっ》かんから出《で》てくるもの。つまり、はな水《みず》は「血《けつ》えき」でできているのです。

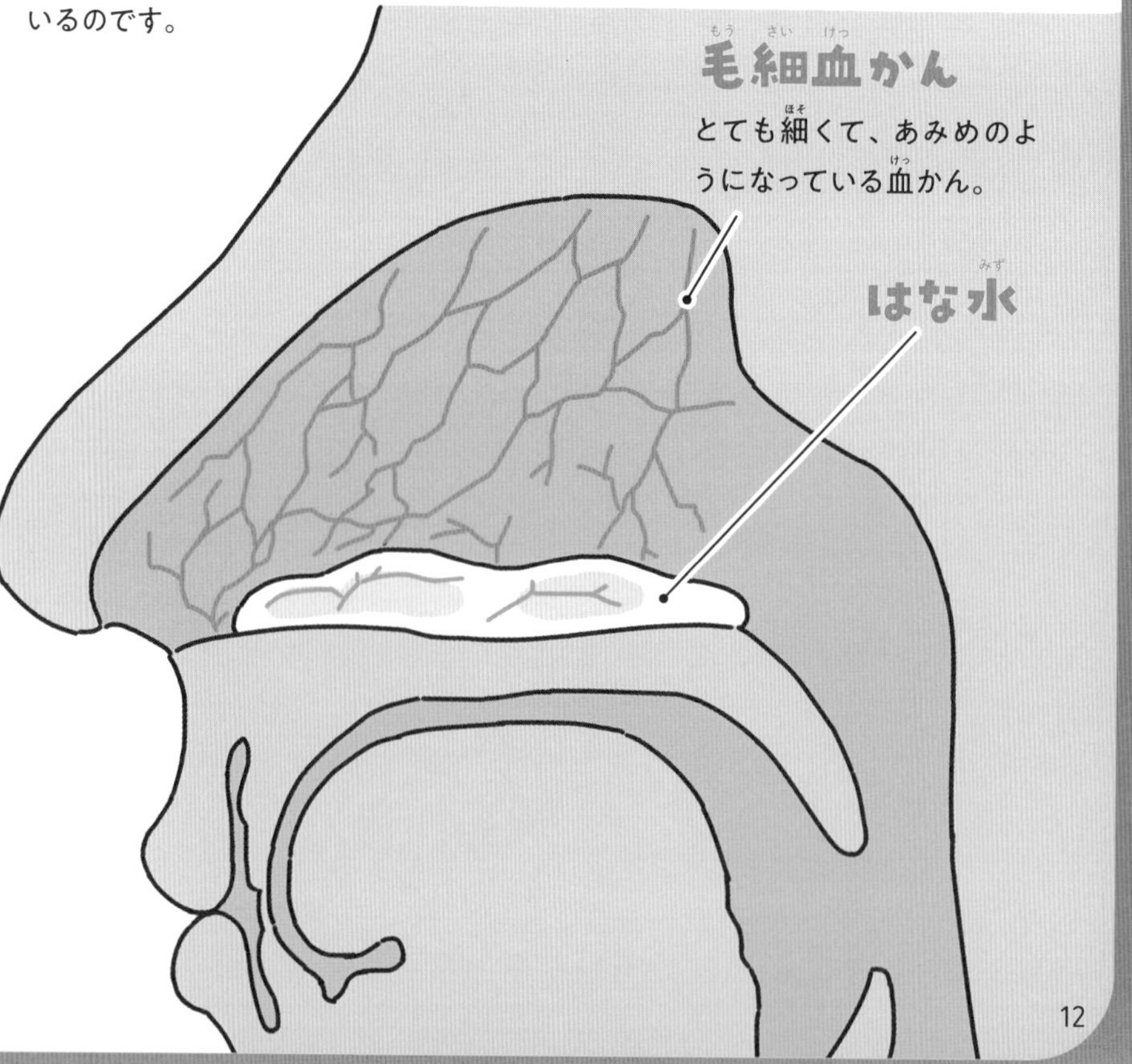
毛細血《もうさいけっ》かん
とても細《ほそ》くて、あみめのようになっている血《けっ》かん。
はな水《みず》

血《けつ》えきの中《なか》にあるものたち

血《けつ》えきの中《なか》には、「血球《けっきゅう》」という細《さい》ぼうがただよっています。細《さい》ぼうは、体《からだ》をつくる小《ちい》さなたんいです。血《けつ》えきの中《なか》には血球《けっきゅう》のほかに、しおが少《すこ》しだけふくまれています。このため、はな水《みず》はしょっぱいのです。

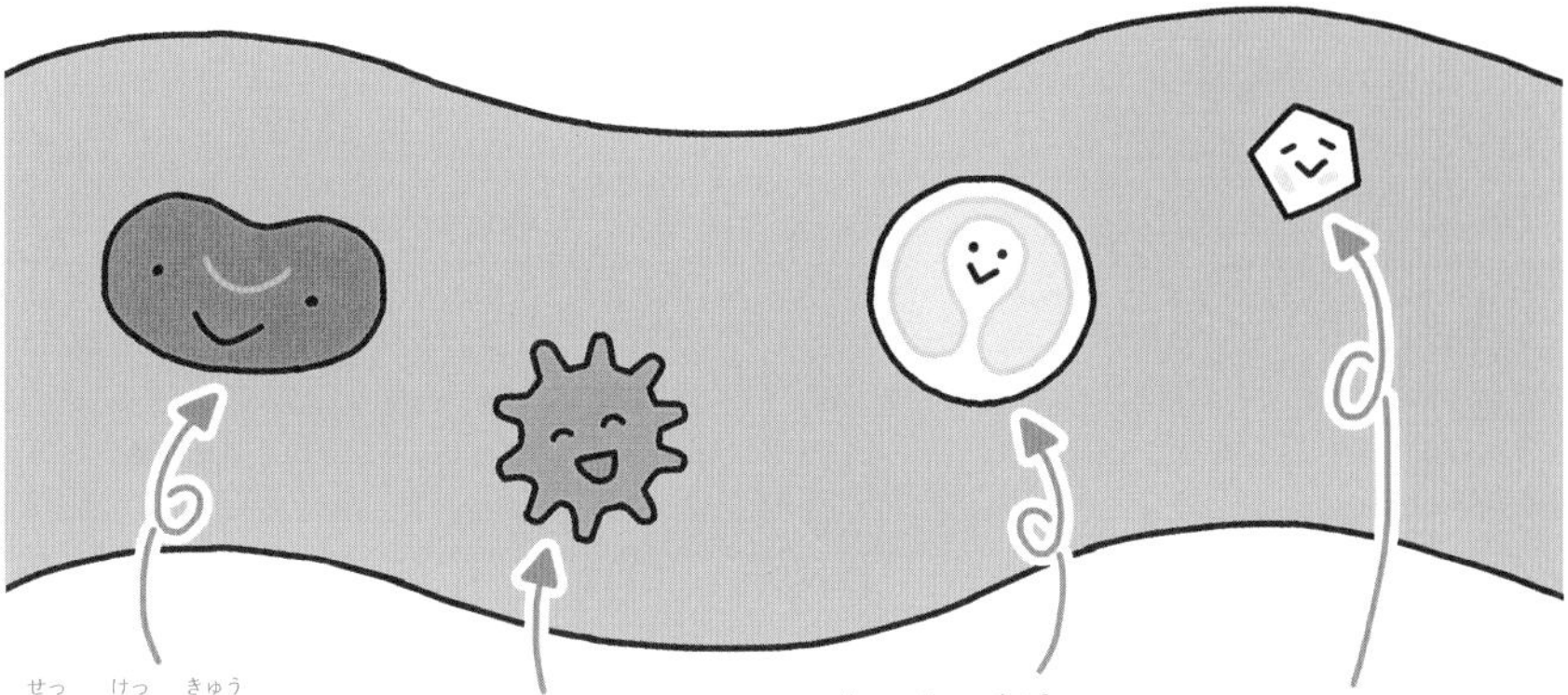

赤血球《せっけっきゅう》

体《からだ》じゅうにさんそをはこぶ。

血小板《けっしょうばん》

血《けっ》かんがきずついたときに、血《ち》が出《で》るのを止《と》める。

白血球《はっけっきゅう》

びょうきのもとになるウイルスや細《さい》きんから体《からだ》をまもる。

しお

細《さい》ぼうをまもったり、体《からだ》のちょうしをととのえたりする。

はな水《みず》は、体《からだ》がウイルスや細《さい》きんとたたかったあかし

体《からだ》の中《なか》にウイルスが入《はい》ると白血球《はっけっきゅう》がたたかいます。

ウイルスを食《た》べてたおした白《はっ》血球《けっきゅう》は、きいろいはな水《みず》として、体《からだ》の外《そと》に出《で》ます。

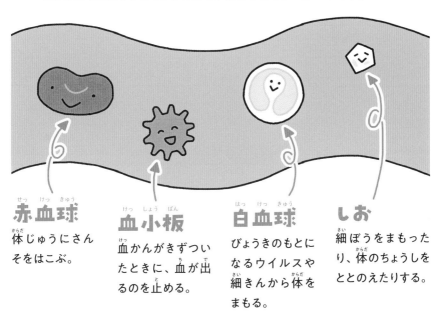

体《からだ》の
おはなし

かぜをひくのはなぜ？

かぜをひいて、のどがいたくなったり、ねつが出《で》たりすることがありますね。

かぜは、空気中《くうきちゅう》をただよう「ウイルス」というびょうきのもとが、体《からだ》の中《なか》に入《はい》りこむことで、かかります。

ウイルスは、小《ちい》さくて目《め》に見《み》えません。すいこんだり、手《て》についたウイルスが口《くち》から入《はい》ったりすると、体《からだ》の中《なか》でどんどんふえて、体《からだ》をつくってい

る細《さい》ぼうを弱《よわ》らせてしまうのです。

体《からだ》の中《なか》にウイルスが入《はい》ると、体《からだ》とウイルスとのたたかいがはじまります。たとえば、せきが出《で》るのは、せきといっしょにウイルスを外《そと》におい出《だ》すためです。ねつが出《で》るのも、ウイルスを弱《よわ》らせ、数《かず》がふえないようにたたかっているのです。

体《からだ》が弱《よわ》っていると、なかなかウイルスにかてません。ふだんから、ウイルスにまけない元気《げんき》な体《からだ》をつくりましょう。

ねつが上《あ》がるのは、体《からだ》をまもるため！

ねつがにがて！
なかまをふやしにくいよー
たたかうため、
ねつを上《あ》げてくれ！
オーケー！
のう
白血球《はっけっきゅう》
ねつが上《あ》がると、うごきやすい！
ウイルスを食《た》べてやっつけるぞ！
ウイルス

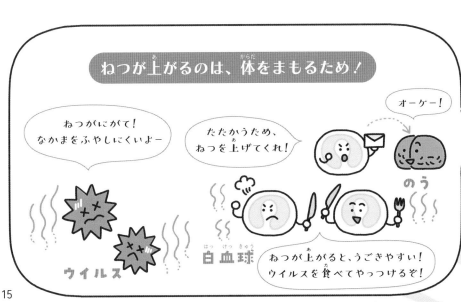

こんなにいる！ウイルス大《だい》しゅうごう

のどがいたい、ねつが出《で》る、はな水《みず》が出《で》る。こうした体《からだ》のちょうしのわるさは、こんなウイルスがげんいんかもしれません。

のどのいたみ

せきを出《だ》す

アデノウイルス

強《つよ》いのどのいたみをおこし、目《め》が赤《あか》くなることもあります。

夏《なつ》かぜをおこす

エンテロウイルス

手《て》足《あし》にぶつぶつをつくることも

高《たか》いねつが出《で》て、手《て》や足《あし》、口《くち》の中《なか》にぶつぶつができることも。

はな水《みず》や はなづまり

ライノウイルス

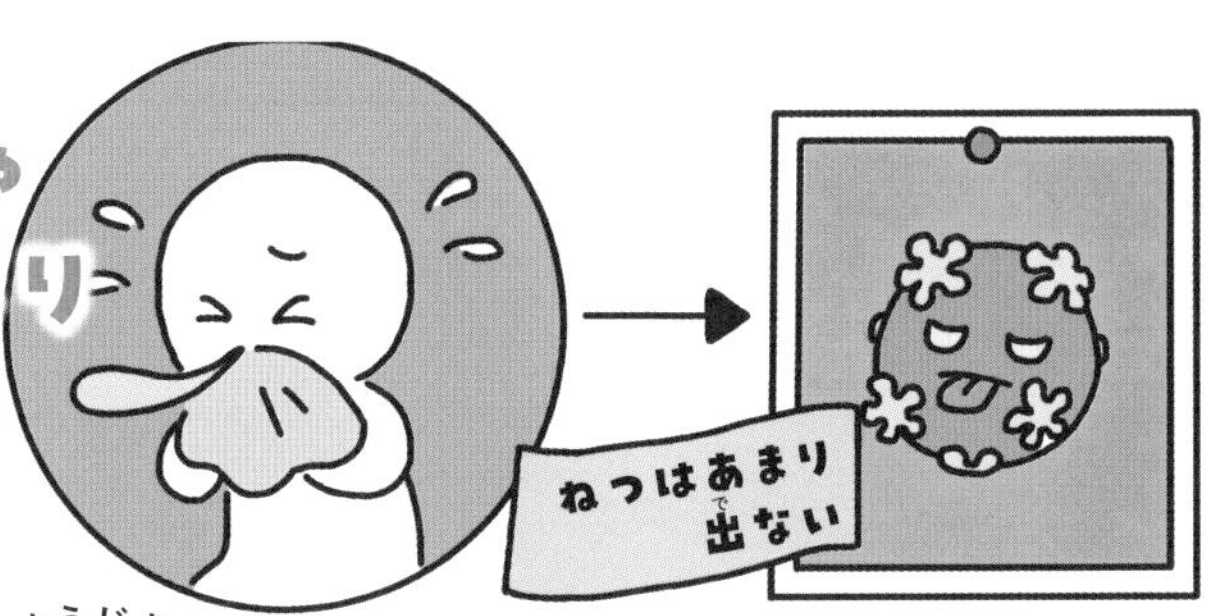
ねつはあまり出《で》ない

おもに、はなにしょうじょうが出《で》ます。せきやねつが出《で》ることもあります。

おなかにくる

ロタウイルス

かんせん力《りょく》つよい！

げりをしたり、はいたり、おなかにしょうじょうが出《で》ます。とてもうつりやすいウイルスです。

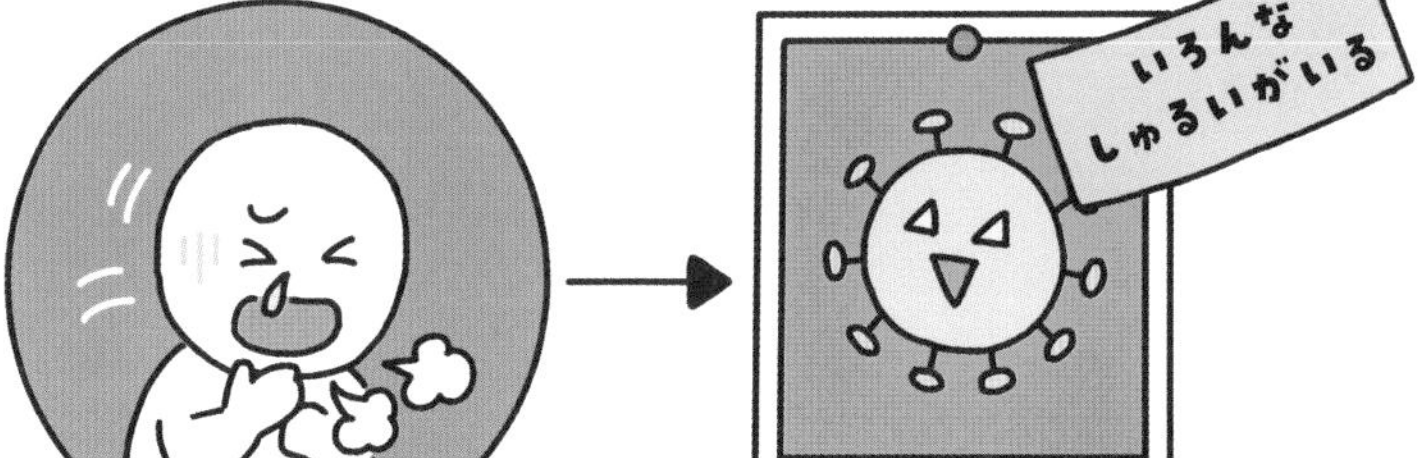
いろんなしゅるいがいる

はな水《みず》や せき

コロナウイルス

せきやのどのいたみ、高《たか》いねつをおこします。強《つよ》いしょうじょうをおこすしゅるいもいます。

はんにんは…
うーーん
ぼくのカゼのはんにんは?

体《からだ》のおはなし

どうしておなかはぐーっと鳴《な》るの？

おなかがへると、ぐーっと音《おと》が鳴《な》ることがあります。自分《じぶん》では止《と》められないので、まわりに聞《き》こえないか、ドキドキしますね。

おなかが鳴《な》る音《おと》は、胃《い》や腸《ちょう》がのびちぢみするときに出《で》る音《おと》です。食《た》べたものは、胃《い》から腸《ちょう》へと、じゅんばんにはこばれていきます。胃《い》や腸《ちょう》は、のびちぢみして、食《た》べものを細《こま》かくどろどろにとかし、えいようを体《からだ》の中《なか》にとり入《い》れます。

胃《い》では食《た》べものや空気《くうき》がおし出《だ》されて、音《おと》が鳴《な》ります。
空気《くうき》
食《た》べもの
腸《ちょう》へ
ぐ〜

食《た》べものがはこび出《だ》されて胃《い》が空《から》になると、のこりかすや空気《くうき》もおし出《だ》されます。このときに音《おと》が鳴《な》るのです。

じつは、胃《い》や腸《ちょう》はいつもうごいているので、おなかの中《なか》では、いつも音《おと》がしています。空気《くうき》がたくさんふくまれていると、大《おお》きな音《おと》になります。

おなかが鳴《な》るのは、びょうきや、はずかしいことではありません。胃《い》や腸《ちょう》が元気《げんき》にうごいているしょうこなのです。

腸《ちょう》もいつもうごいていて、空気《くうき》が腸《ちょう》のかべにぶつかると音《おと》が鳴《な》ります。

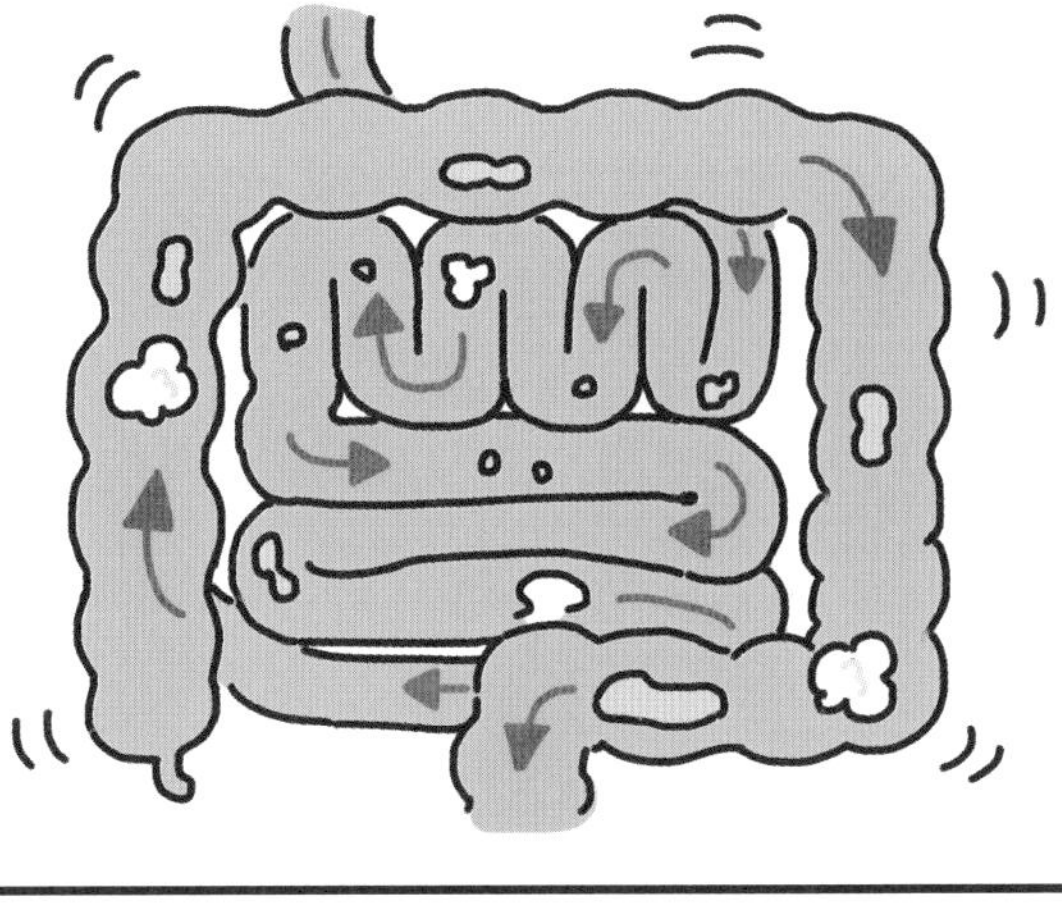

どうぶつの胃《い》をくらべてみよう

胃《い》は、どうぶつによって、形《かたち》もはたらきもちがいます。
ちがいをくらべてみましょう。

ウシ

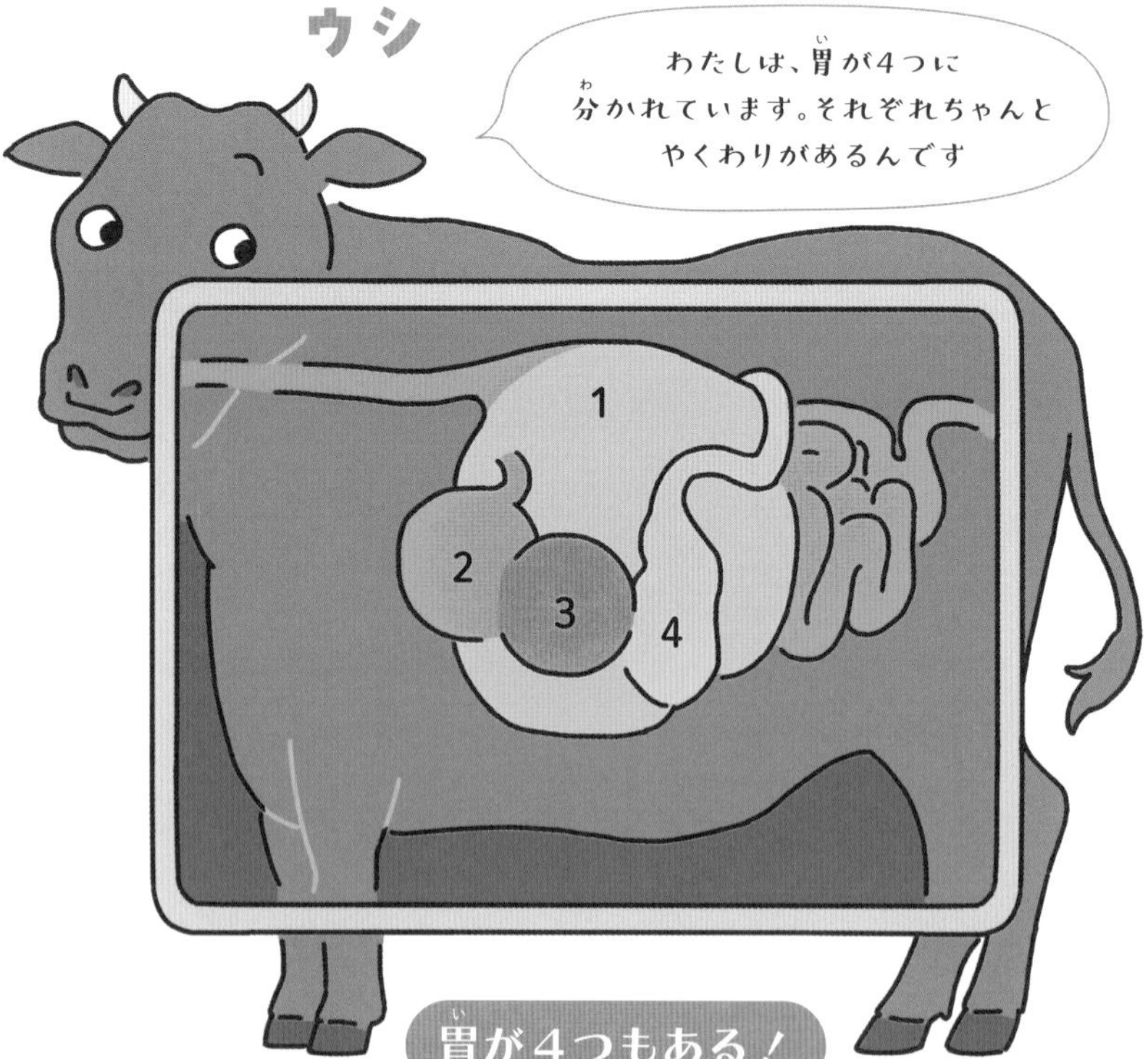
わたしは、胃《い》が4つに
分《わ》かれています。それぞれちゃんと
やくわりがあるんです
1
2
3
4

胃《い》が4つもある！

口《くち》に入《い》れた食《た》べものは、1と2の胃《い》に入《はい》り、ふたたび口《くち》にもどり、かみくだかれます。これをくりかえし、げっぷとしてメタンというガスを出《だ》します。そのあと3の胃《い》で、水分《すいぶん》やえいようをとりこみます。さいごに4の胃《い》で、のこったえいようを体《からだ》にとりこみます。

カエル　胃《い》を外《そと》に出《だ》せる！

食《た》べられないものをのみこんだときは、なんと胃《い》を口《くち》から出《だ》してあらえるようになっています。

こんなふうに
胃《い》を出《だ》すよ！

トリ　胃《い》が2つある！

1の胃《い》で人間《にんげん》と同《おな》じように食《た》べものをまぜとかします。2の胃《い》は、あるトリとないトリがいて、食《た》べものをすりつぶしています。

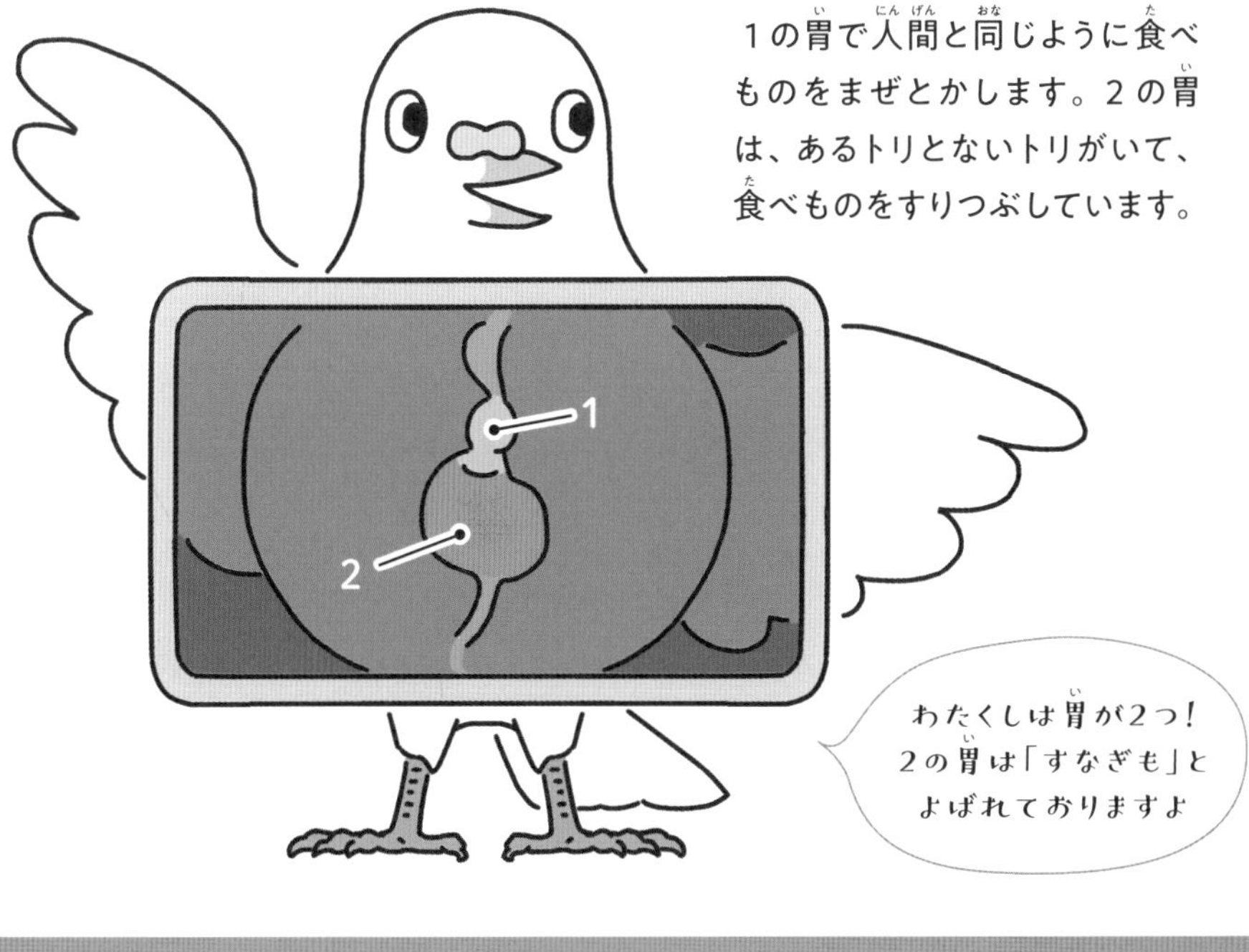
1
2
わたくしは胃《い》が2つ！
2の胃《い》は「すなぎも」と
よばれておりますよ

しもんって何《なに》？

手《て》のゆび先《さき》には、ぐにゃぐにゃと細《こま》かいすじのもようがあります。これが、しもんです。ゆび先《さき》のひょうめんは、しもんのせいで少《すこ》しでこぼこしています。

しもんは、ものをつかむときに、すべり止《ど》めのやくわりをします。しもんのすじにそって、あせを出《だ》すあながたくさんあるため、しめっていてすべりにくくなっています。また、ゆび先《さき》でもの

にふれたときに、かんじやすくするはたらきもあります。

しもんのもようは、ぜんぶのゆびでちがっていて、おとなになっても形《かたち》はかわりません。また、同《おな》じしもんは、ひとつもないといわれています。つまり、せかい中《じゅう》の人《ひと》のゆびの数《かず》だけ、しもんのもようがあるのです。

このとくちょうをりようして、ぎんこうやスマートフォンなどのあんしょうばんごうのかわりに、しもんがつかわれています。

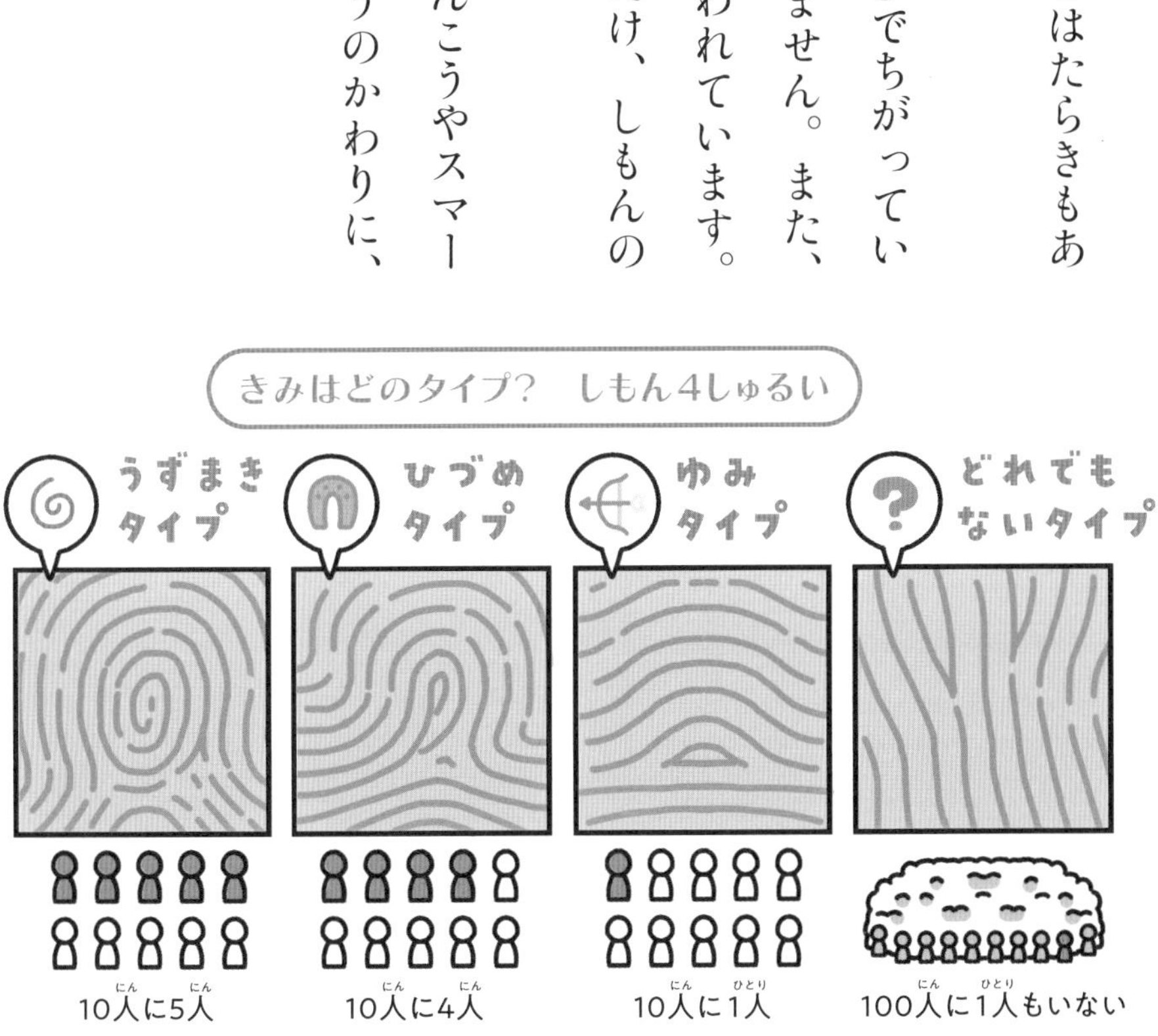
きみはどのタイプ？　しもん4しゅるい
うずまきタイプ
ひづめタイプ
ゆみタイプ
どれでもないタイプ
10人《にん》に5人《にん》
10人《にん》に4人《にん》
10人《にん》に1人《ひとり》
100人《にん》に1人《ひとり》もいない

おもしろい！しもんのふしぎ

ひとりひとりちがって、４しゅるいあるしもん。
しもんには、こんなふしぎもあります。

ふしぎ①
線《せん》と線《せん》のあいだはつねに同《おな》じ

しもんの線《せん》と線《せん》のあいだは、どこも同《おな》じ長《なが》さです。きゅうに細《ほそ》くなったり、太《ふと》くなったりしません。

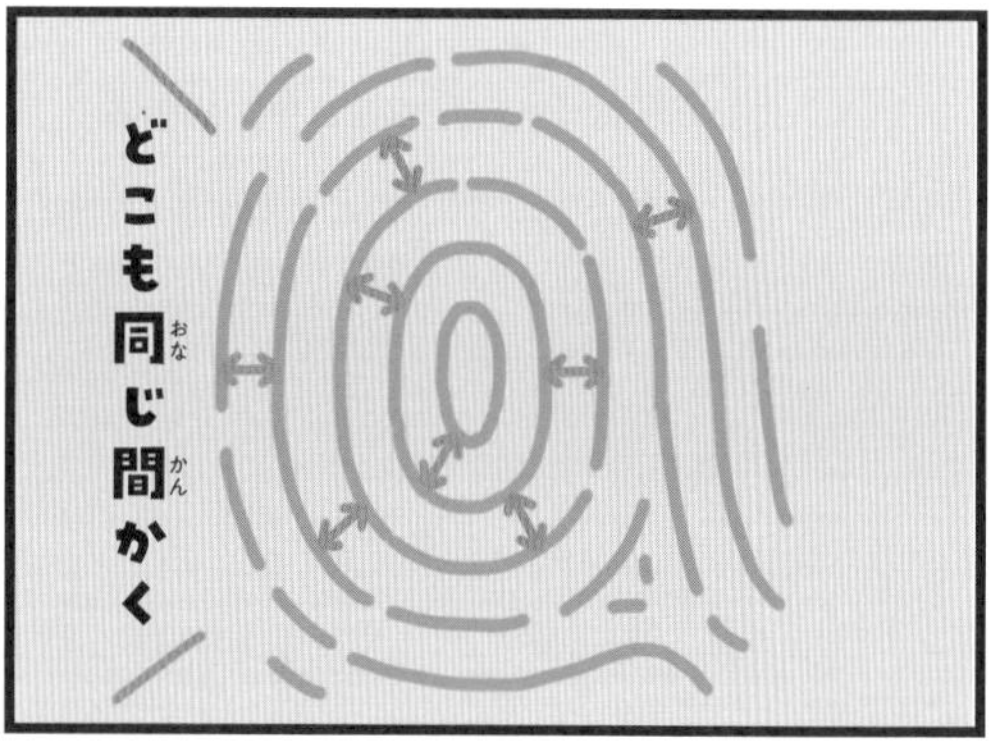

ふしぎ②
きずついても元通《もとどお》り！

きずがついても、なおるときにまた同《おな》じもようがつくられて、元通《もとどお》りになります。だから、おとなになってからも、ずっと同《おな》じしもんなのです。

しもんのなかまはどれ？

しもんのように、人《ひと》をとくていするのにつかわれているのは、どれとどれでしょうか？
（答《こた》えはこのページの下《した》にあります。）

① 目《め》のもよう

② 耳《みみ》の形《かたち》

③ はなの形《かたち》

④ まゆ毛《げ》の形《かたち》

やってみよう！

もしも、しもんがなかったら？

しもんがなかったら、ものをうまくつかめるでしょうか。
ためしてみましょう。

ようういするもの　セロハンテープ

1 ゆび先《さき》に
セロハンテープを
まきつける。

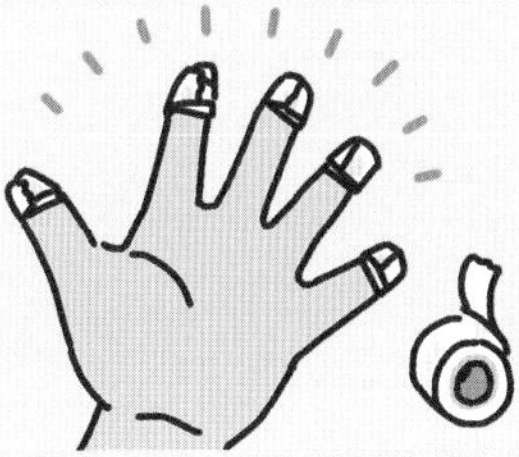

2 まわりのものをつかんで
みよう。
おとしたらこわれてしまう
ものには、気《き》をつけて！

クイズの答《こた》え：①と②（黒目《くろめ》のまわりのもようと、耳《みみ》の形《かたち》で人《ひと》をとくていできます。）

体《からだ》のおはなし

鳥《とり》はだが立《た》つのはどんなとき？

はだに、細《こま》かいポツポツができて、鳥《とり》のかわのようになることを「鳥《とり》はだが立《た》つ」といいます。さむくて体《からだ》がゾクゾクすると、鳥《とり》はだが立《た》ちますね。さむいと、きんにくがちぢんで、ひふに生《は》えた毛《け》が立《た》ち上《あ》がります。すると、毛《け》あなのまわりのひふももり上《あ》がって、ポツポツになるのです。どうぶつは毛《け》を立《た》たせて、毛《け》と毛《け》のあいだに空気《くうき》をためます。すると、体《からだ》のねつがにげにくくなり

ます。さむい日《ひ》に、鳥《とり》が丸《まる》くふくらんでいるのも、このためです。

こわいとかんじたときや、かんどうしたときにも、鳥《とり》はだが立《た》つことがあります。こわいときに立《た》つのは、ネコがこわいあいてにむかって、ブワッと毛《け》をふくらませて、体《からだ》を大《おお》きく強《つよ》く見《み》せるのと、同《おな》じりゆうといわれています。

でも、かんどうして鳥《とり》はだが立《た》つりゆうは、わかっていません。きんちょうで気《き》もちが高《たか》まったときにふるえる「むしゃぶるい」と同《おな》じように、気《き》もちに体《からだ》がはんのうしているのかもしれませんね。

いろいろな
毛《け》のやくわり

生《い》きものの毛《け》には、さまざまなやくわりがあります。
生《い》きものたちの毛《け》を見《み》てみましょう。

体《からだ》をあたためる！

シカの毛《け》

きせつにあわせてころもがえ！　あたたかい毛《け》に生《は》えかわるので、さむくなってもだいじょうぶです。

イヌの毛《け》

ふわふわの毛《け》は、さむさから体《からだ》をまもります。

カバのひげ

しっかりしたひげで、水《みず》のちょっとしたうごきや、食《た》べもののばしょなどをかんじとっています。

かんじとる！

自分《じぶん》をまもる！

ハスのは

細《こま》かい毛《け》がびっしり生《は》えていて、水《みず》をはじきます。はじいた水《みず》といっしょに、虫《むし》やよごれをおとして、自分《じぶん》をまもっています。

水《みず》をはじくしくみがヨーグルトのフタのヒントになったよ!

いかくする！

ネコの毛《け》

毛《け》をさかだてて、体《からだ》を大《おお》きくして「強《つよ》いんだぞ」とあいてに見《み》せています。

ケムシの毛《け》

どくがあったり、食《た》べにくかったりすることで、てきに食《た》べられにくくしています。

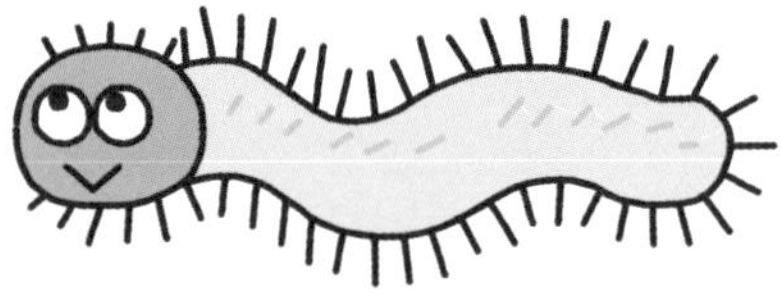

そだてる！

ナマケモノの毛《け》

毛《け》の中《なか》にガがすんでいて、そのガの力《ちから》をかりて、毛《け》でみどり色《いろ》の「も」をそだてています。もはナマケモノのごはんになります。

体《からだ》の
おはなし

体《からだ》がかたい人《ひと》とやわらかい人《ひと》がいるのはなぜ？

人《ひと》の体《からだ》は、ほねときんにくでうごきます。ほねとほねをつなぐかんせつに、きんにくはくっついています。きんにくがのびちぢみすると、ほねが引《ひ》っぱられてうごくのです。
体《からだ》がかたい人《ひと》は、きんにくがのびにくく、かんせつのうごくはばがせまくなっています。ほかにも、男女《だんじょ》のちがいや年《ねん》れい、生《う》まれつきのちがいなどもあります。
さらに、きんにくはずっとうごかさないでいると、かたくなります。うんどうしなくなると、どんどん体《からだ》もかたくなる

のです。

スポーツをする前《まえ》に、ストレッチをしますね。ストレッチは、きんにくをのばしてやわらかくするために行《おこな》います。もし体《からだ》がかたくても、毎日《まいにち》ストレッチをして、きんにくをうごかしつづけると、少《すこ》しずつやわらかくなりますよ。

きんにくを、毎日《まいにち》
うごかしつづけると
体《からだ》がやわらかい人《ひと》になれる！

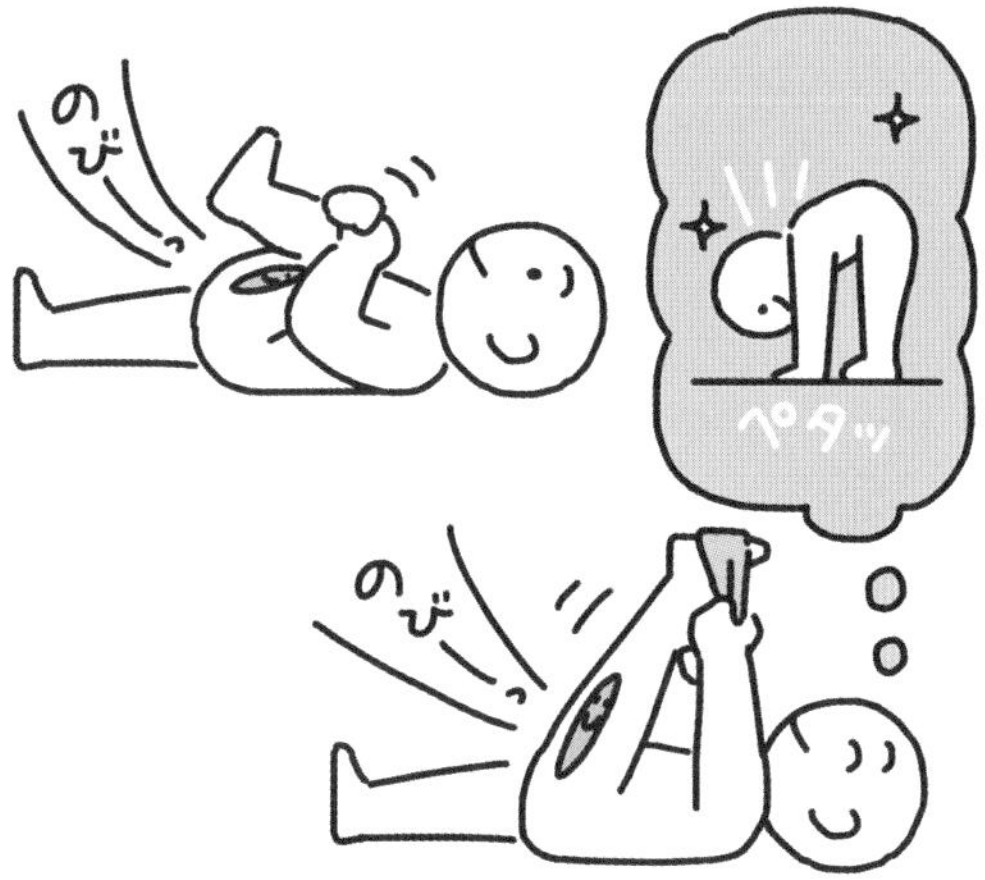

きんにくの
おどろきのしくみ

体《からだ》をうごかすのに、
かかせない、きんにく。
おどろきのしくみを見《み》てみましょう。

ムキムキになるしくみ

トレーニングなどできんにくにふたんがかかると、きんにくをつくる「きんせんい」という細《ほそ》いせんいが切《き》れます。

すると切《き》れたところが、「たんぱくしつ」というせいぶんでなおされます。

やがて切《き》れたきんせんいは、元《もと》より太《ふと》くなります。

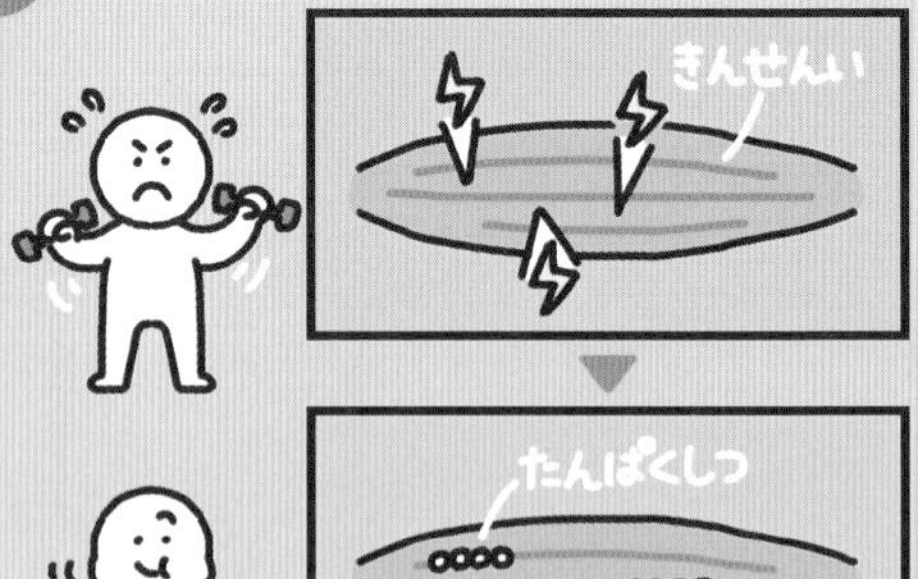

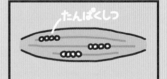

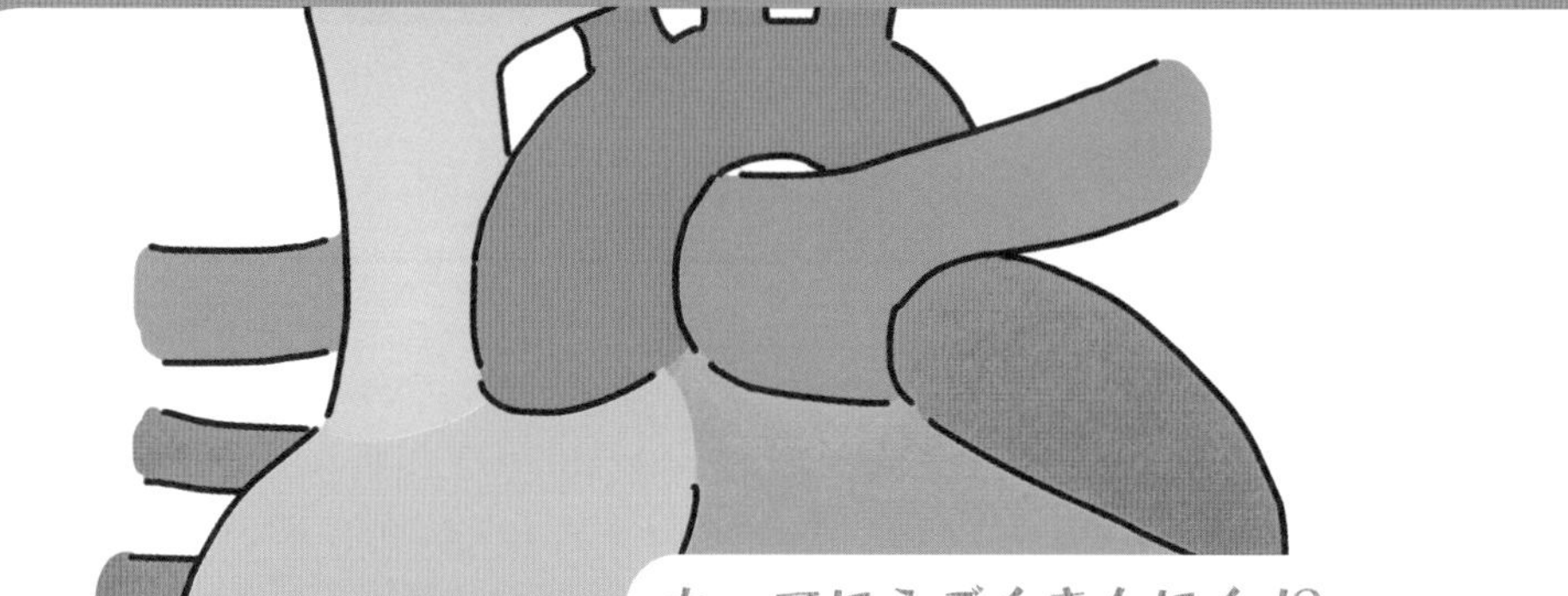

かってにうごくきんにく!?

自分《じぶん》でうごかせるきんにくと、かってにうごくきんにくの2つがあります。

うでや足《あし》などにある、かんせつをまげるきんにくは、自分《じぶん》でうごかすことができます。

しんぞうや胃《い》や腸《ちょう》などのかべも、きんにくでできています。これらはねているあいだも休《やす》まずうごいて、人間《にんげん》が生《い》きていられるようにします。

やってみよう!

きんにく食《た》べくらべ!?

マグロの赤《あか》み

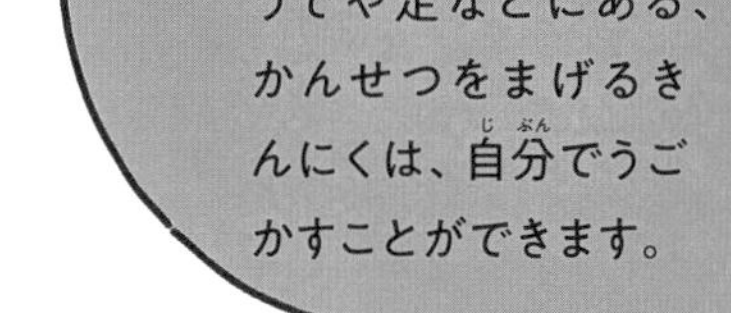

長《なが》いきょりをおよぐきんにくがはったつしています。

ヒラメの白《しろ》み

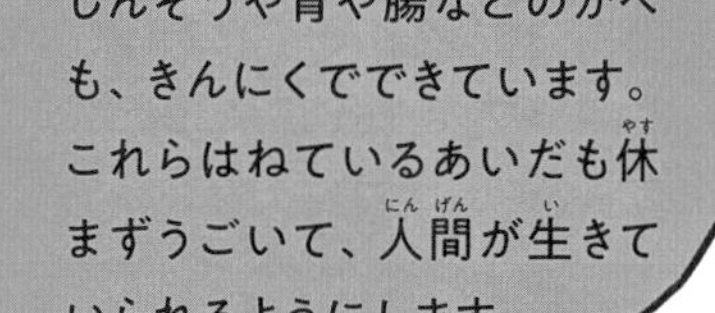

すばやくうごくきんにくがはったつしています。

きんちょうするとドキドキするのはなぜ？

はっぴょう会《かい》やテストの前《まえ》など、きんちょうしてドキドキすることがあります。ドキドキの正体《しょうたい》は、しんぞうのうごきです。でも、しんぞうは休《やす》みなくうごいているので、ふだんはドキドキが気《き》になることはありませんね。

しんぞうはポンプのようにのびちぢみして、血《けつ》えきを体《からだ》のすみずみまでとどけています。血《けつ》えきの中《なか》には、体《からだ》をうごかすのにひつような、えいようやさんそが入《はい》っているのです。

いつもよりがんばりたいときや、きけんなときには、体《からだ》が

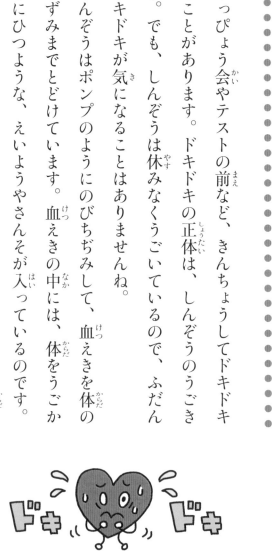

ドキ
ドキ

しっかり力《ちから》を出《だ》さなくてはなりません。体《からだ》のきんちょうも、力《ちから》を出《だ》すための、はんのうのひとつです。

　このとき、体《からだ》のうごきや気《き》もちなどすべてのことをまとめる「のう」が、たくさんの血《けつ》えきをはこぶように、しんぞうにめいれいします。すると、しんぞうがのびちぢみする力《ちから》が、強《つよ》くはたらくので、ドキドキをかんじるのです。

きんちょうをキャッチ！
しんぞう、うごいて～！
わっ!!
ドキ
ドキ
ドキ
ドキ
ドックン
ドックン
オーケー！
体《からだ》じゅうにたくさん血《けつ》えきをおくるよ！
よーし、がんばるぞ！
脳《のう》
きん肉《にく》

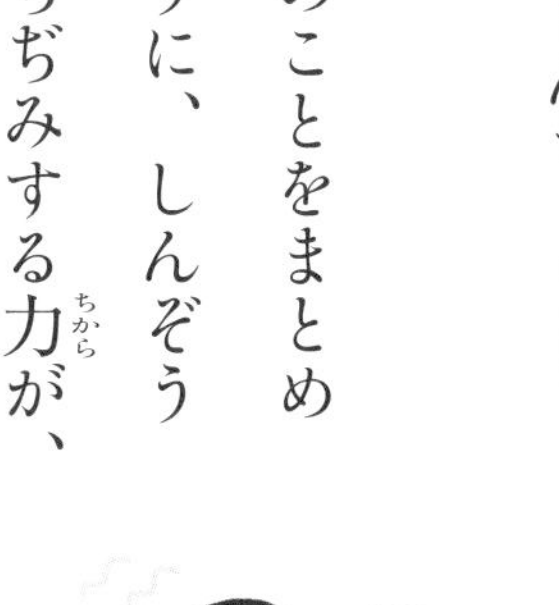
ドキ
ドキ

きんちょうすると おこるアレコレ

きんちょうすると、しんぞうがドキドキするほかにも、体《からだ》にいろいろなへんかがあらわれます。そのりゆうを見《み》てみましょう。

→じつは……にげるときのむかしのなごり

人《ひと》がむかしサルだったころ、木《き》のえだなどをつたって、てきからにげるときに、手《て》のひらがすべらないようにするために、あせをかいていました。足《あし》のあせも走《はし》ってにげるためです。

この体《からだ》のしくみが、今《いま》ものこっているのです。

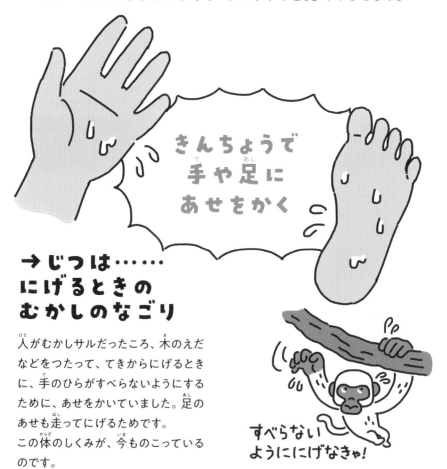

きんちょうで顔《かお》が赤《あか》くなる

→じつは……のうをまもっている

赤《あか》くなった顔《かお》には血《ち》がたくさんあつまっています。顔《かお》に風《かぜ》が当《あ》たるとたくさんの血《ち》がひやされるので、はたらきすぎてあつくなったのうをひやして、のうをまもることができるのです。

やってみよう！

きんちょうをとくほうほう

ゆっくりといきをすってはきだしたり、体《からだ》をかるくうごかしたりすると、体《からだ》のよぶんな力《ちから》がぬけておちつきます。

しんこきゅう

ストレッチをする

体《からだ》のおはなし

あくびってうつるの？

大《おお》きな口《くち》で、「ふわ〜っ」。あくびが出《で》るのは、ねむくなったとき、たいくつなとき、つかれたときなどですね。では、あくびが出《で》るのはなぜなのでしょうか。

あくびをすると、頭《あたま》がすっきりして目《め》がさめますね。あくびは、のうが元気《げんき》にはたらくためにするといわれています。のうは、考《かんが》えたりうごいたりなど、体《からだ》のすべてのことをめいれいする、大切《たいせつ》なところです。

でも、あくびをすると、よけいに気分《きぶん》がのんびりすること

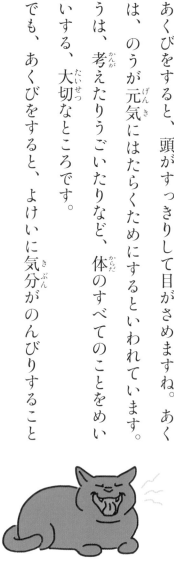

たいくつ～

もありますね。つかれていると、のうが休《やす》んでほしいというめいれいを出《だ》すこともあるのです。

ひとりがあくびをすると、まわりの人《ひと》にうつるのは本当《ほんとう》のようです。なかまのまねをして、同《おな》じ気《き》もちでいることをつたえていると考《かんが》えられています。これは、なかまといっしょにくらすどうぶつに見《み》られる、こうどうのひとつです。

おひるねしようっと

わかる～…
わたしも～
ふわ～～あ
ねむ～い
あくびが
うつっていく!?
どうしよ～～!

のうはこんなにはたらいている！

のうはばしょによって、はたらきがちがいます。
どんなはたらきがあるのでしょうか。

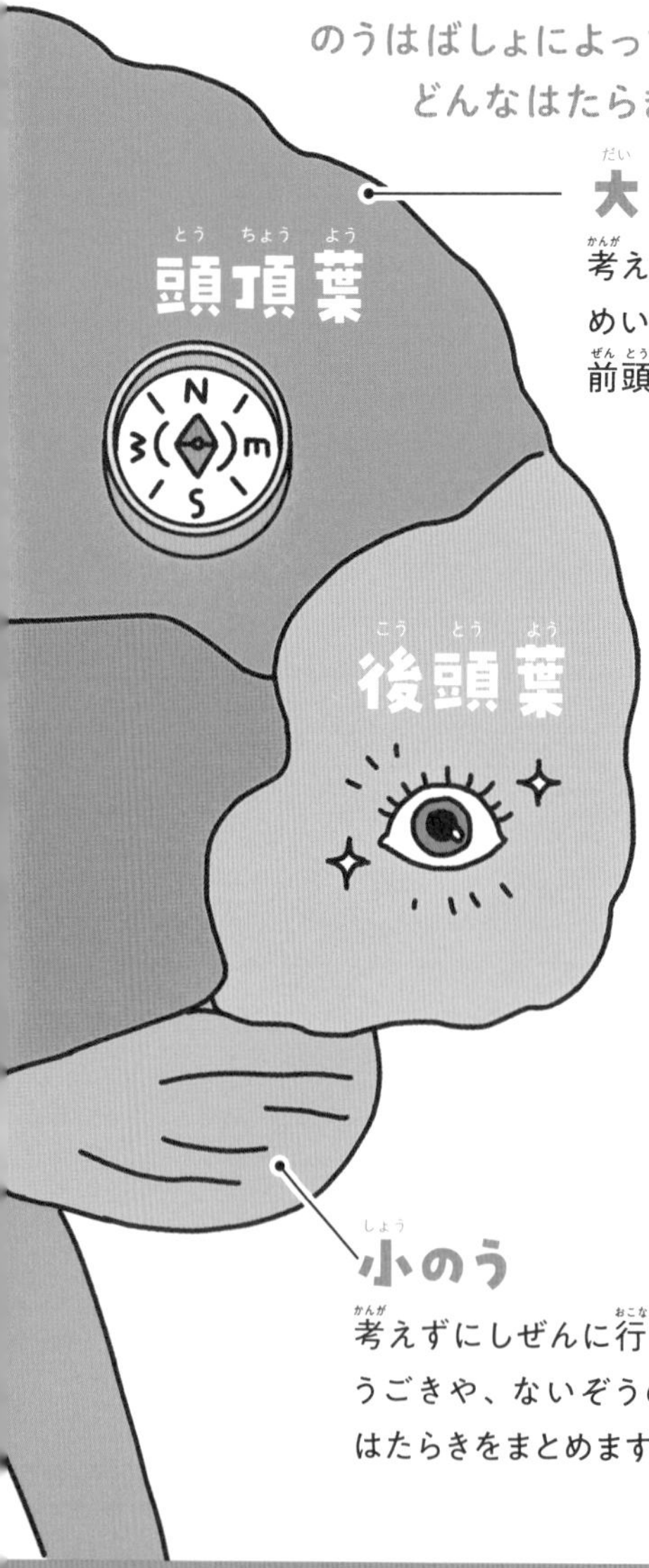
頭頂葉《とうちょうよう》
後頭葉《こうとうよう》
N
W
E
S

大《だい》のう

考《かんが》えたり、かんじたり、体《からだ》をうごかしたりするめいれいを出《だ》します。
前頭葉《ぜんとうよう》、頭頂葉《とうちょうよう》、側頭葉《そくとうよう》、後頭葉《こうとうよう》に分《わ》けられます。

頭頂葉《とうちょうよう》

目《め》で見《み》たもの、さわったもののかんかくをとりまとめます。
また、いちやほうこうをはあくします。

ゴール
○○ちゃんちは
1回《かい》右《みぎ》にまがる!

後頭葉《こうとうよう》

目《め》から入《はい》ったじょうほうをうけとります。

きれいだ!!

小《しょう》のう

考《かんが》えずにしぜんに行《おこな》ううごきや、ないぞうのはたらきをまとめます。

前頭前野《ぜんとうぜんや》

前頭前野《ぜんとうぜんや》は、前頭葉《ぜんとうよう》のいちぶ。考《かんが》えたり、ものをつくったりするときにはたらきます。

プリンにすべきか
ソフトクリームに
すべきか…

前頭葉《ぜんとうよう》

体《からだ》じゅうのきんにくに、うんどうのめいれいを出《だ》します。

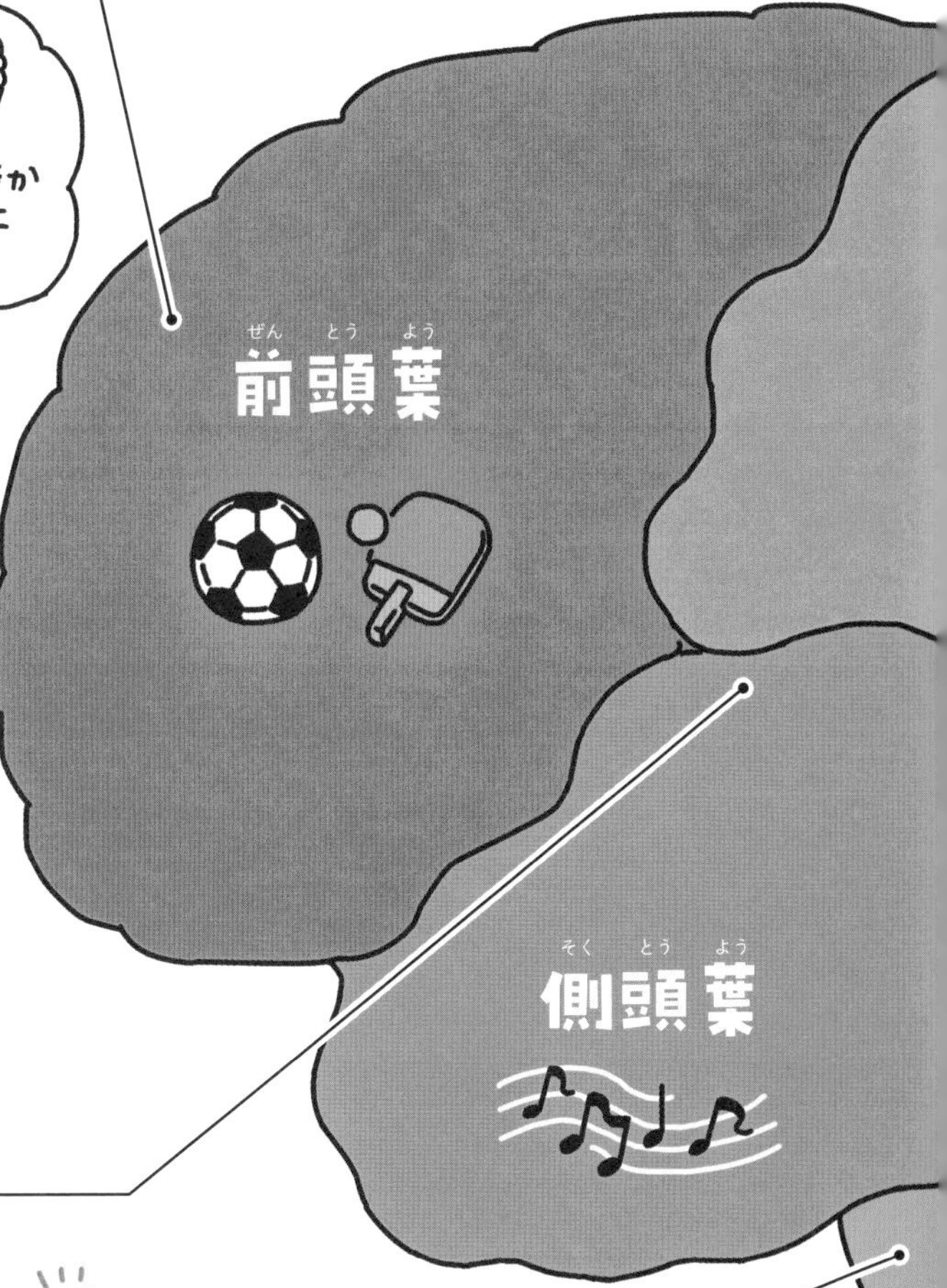

前頭葉《ぜんとうよう》
側頭葉《そくとうよう》

側頭葉《そくとうよう》

耳《みみ》から入《はい》った音《おと》のじょうほうをうけとります。

フムフム
なるほど
なるほど!

海馬《かいば》

のうのうちがわにあり、さまざまなじょうほうをあつめて、きおくをつくりだします。

のうという
かん字《じ》は
「脳《のう》」とかく!
おぼえとこ!

のうかん

大《だい》のうが出《だ》すめいれいを、体《からだ》じゅうにつたえます。

もの

の　おはなし

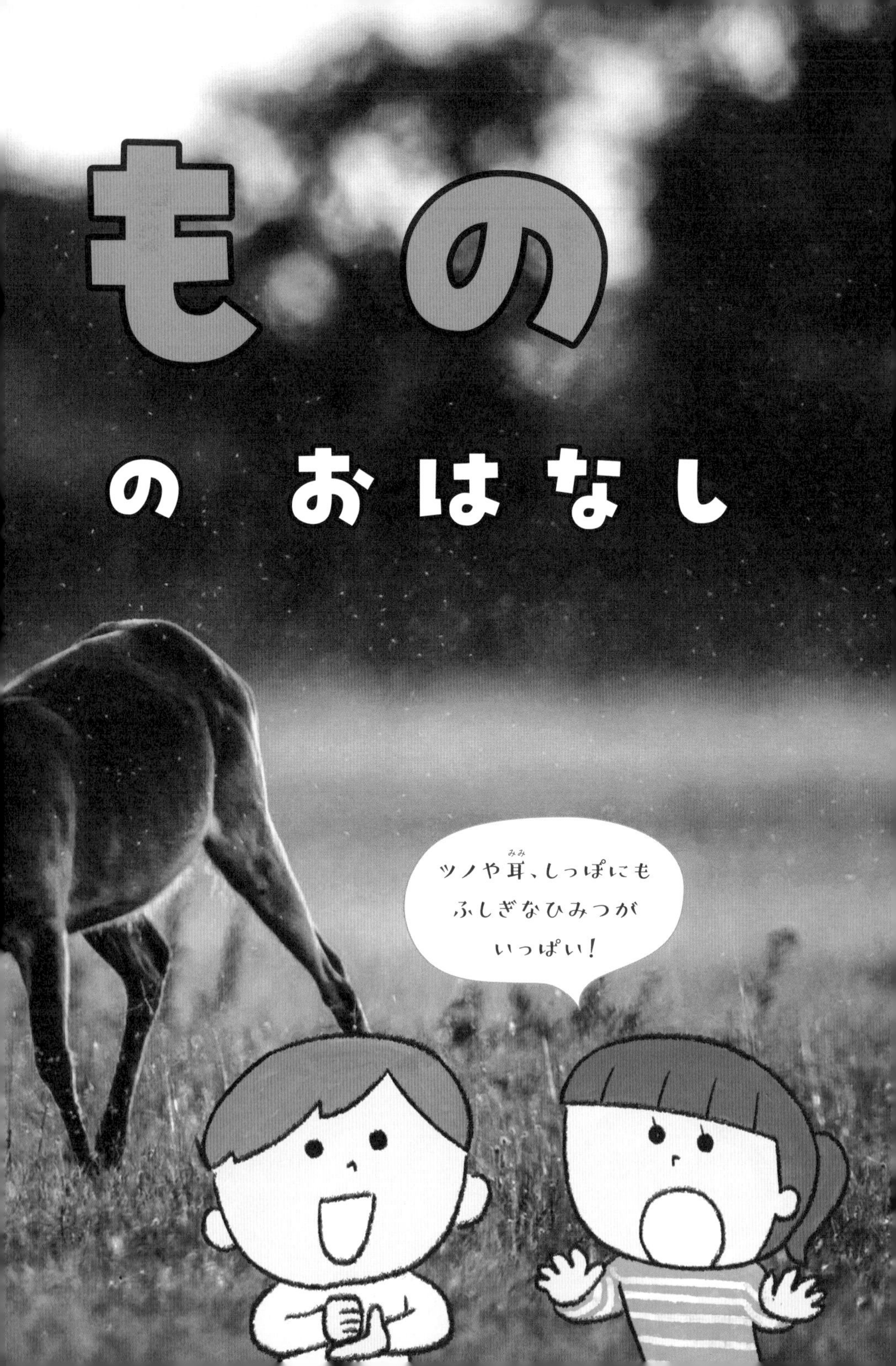
ツノや耳《みみ》、しっぽにも
ふしぎなひみつが
いっぱい!

生《い》き

さまざまなばしょでくらす、どうぶつや虫《むし》たち。
その体《からだ》には、生《い》きるためのさまざまなくふうが
かくされています。いっしょに見《み》ていきましょう。

生《い》きもののおはなし

ウサギの耳《みみ》が長《なが》いのはどうして？

「ウサギって、どんなすがた？」と聞《き》かれたら、まず思《おも》いつくのは、長《なが》い耳《みみ》ですね。

ウサギの耳《みみ》には、2つの大切《たいせつ》なやくめがあります。1つ目《め》は、しっかりと音《おと》を聞《き》くことです。ウサギの左右《さゆう》の耳《みみ》はべつべつにうごき、まわりの小《ちい》さな音《おと》でも聞《き》こえます。

ウサギは肉食《にくしょく》どうぶつにねらわれやすく、たたかうぶきも、もっていません。そのかわり、音《おと》を

① まわりの音《おと》をしっかり聞《き》ける

左右《さゆう》の耳《みみ》をうごかすことで小《ちい》さな音《おと》も聞《き》こえる。

聞《き》いて、あぶないと思《おも》ったらすぐににげることで、いのちをまもるのです。

２つ目《め》は、体《からだ》の中《なか》のねつを、外《そと》に出《だ》すことです。ウサギの耳《みみ》のうちがわには、毛《け》が少《すく》なく、細《ほそ》い血《けっ》かんが見《み》えます。血《けっ》かんを風《かぜ》に当《あ》てて血《ち》をひやし、体《からだ》があつくなりすぎないようにしているのです。走《はし》ってにげるときも、耳《みみ》を立《た》てています。

NO《ノー》!!
耳《みみ》はだいじ！
つかまないでね

② 耳《みみ》からねつをにがせる
風《かぜ》
「あぶない！」と思《おも》ったら、
すぐにげる。

わたしたちの耳《みみ》はどこでしょう？

人間《にんげん》の耳《みみ》は、顔《かお》のよこについていますね。
では、ほかの生《い》きものはどうでしょう？　びっくりするような
ばしょに耳《みみ》がある生《い》きものもいます。

目《め》の後《うし》ろにあるよ！
ま後《うし》ろだと、ダチョウは耳《みみ》のあなが まるみえ！

鳥《とり》の耳《みみ》

鳥《とり》の耳《みみ》は、あなだけがあいています。出《で》っぱりがないから、とぶときにじゃまになりません。耳《みみ》は、羽《はね》にかくれていますが、小《ちい》さな音《おと》でも聞《き》こえます。

頭《あたま》の中《なか》にある！
内耳《ないじ》

魚《さかな》の耳《みみ》

魚《さかな》には耳《みみ》のあなはありませんが、頭《あたま》の中《なか》に「内耳《ないじ》」という音《おと》を聞《き》くぶぶんがあります。ほかに「そくせん」や「うきぶくろ」というところでも、音《おと》をかんじています。

前《まえ》あしにある!

コオロギの耳《みみ》

コオロギの前《まえ》あしをよく見《み》ると、細長《ほそなが》い耳《みみ》のあながわかります。あなのひょうめんには、人《ひと》の耳《みみ》と同《おな》じ「こまく」という、うすいまくがあり、音《おと》をかんじています。

頭《あたま》のりょうわきにある!
こまくがむきだし!

カエルの耳《みみ》

カエルの耳《みみ》は耳《みみ》たぶがなく、あなが目《め》の後《うし》ろにあります。ひょうめんは、まるくて大《おお》きな「こまく」におおわれています。

内耳《ないじ》
耳《みみ》のあな
目《め》のよこにあるけど、ふさがっているよ!

イルカの耳《みみ》

イルカの耳《みみ》はとても小《ちい》さく、あなもふさがっていて「こまく」もありません。そのかわり、下《した》あごのほねで音《おと》をかんじとって、おくにある「内耳《ないじ》」につたえています。

生《い》きもののおはなし

なぜライオンにたてがみがあるの？

どうぶつの王《おう》さまといえば、りっぱなたてがみをもつライオン。たてがみは、おとなのオスのしるしです。でも、ただのかざりではありません。

ライオンは、ふつう1〜3頭《とう》のおとなのオスと、5〜6頭《とう》のメス、その子《こ》どもたちが、小《ちい》さなむれでくらしています。オスのしごとは、自分《じぶん》のむれとなわばりをまもることです。ほかのオスと、いのちがけでたたかうこともあります。まけると、むれをおい出《だ》されてしまうからです。ふさふさのたて

がみは、たたかうときに大切《たいせつ》な首《くび》をまもるのにやく立《だ》っています。

また、強《つよ》いオスほど、たてがみは長《なが》くて色《いろ》がこいです。あいてのたてがみを見《み》て自分《じぶん》より強《つよ》いと思《おも》えば、むだなたたかいをしなくてすみます。しかも、強《つよ》いオスはメスに人気《にんき》があり、オスをえらぶときの目《め》じるしにもなるようです。

いろいろなたてがみはっけん！

体《からだ》にたてがみをもつどうぶつたちがいます。どんなふうに生《は》えているのか、それぞれのとくちょうを見《み》てみましょう。

首《くび》すじに生《は》える

アフリカタテガミヤマアラシは、頭《あたま》の後《うし》ろと首《くび》に長《なが》いたてがみが生《は》えています。せなかとおしりの毛《け》は、かたくとがった長《なが》いトゲになっていて、てきが来《く》ると、さか立《だ》てておどかします。

イグアナは頭《あたま》からせなかにかけてまっすぐ、たてがみのようなうろこがならんでいます。オスのほうが大《おお》きくはったつしています。

頭《あたま》からせなかにかけて生《は》える

首《くび》すじに生《は》える

シマウマのたてがみは、体《からだ》と同《おな》じくしまもようにならんで生《は》えています。たいようの光《ひかり》やてきから、首《くび》をまもるはたらきがあるといわれています。

赤《あか》ちゃんのときだけ生《は》える

チーターの赤《あか》ちゃんは、頭《あたま》からせなかにかけてふわふわのたてがみが生《は》えていて、草《くさ》むらにかくれると、てきに見《み》つかりにくくなります。せいちょうすると、なくなります。

頭《あたま》からかたにかけて生《は》える

ライオンのオスは、せいちょうするとたてがみがのびて、強《つよ》さをあらわす目《め》じるしになります。でも、あつい地方《ちほう》には、たてがみがないものや、みじかいものもいます。

カバとサイはにているけど親《しん》せきなの？

カバとサイをくらべてみましょう。どちらも大《おお》きくて、がっしりとした体《からだ》つきで、ひふの色《いろ》もそっくりですね。草《くさ》を食《た》べることも同《おな》じです。

もちろんちがいもありますが、ほかのどうぶつとくらべると、カバとサイはおたがいによくにています。つまり、親《しん》せきどうしなのでしょうか。

答《こた》えは、少《すこ》し遠《とお》い親《しん》せきどうしです。

クジラぐうてい目《もく》

あしのゆびが2本《ほん》または4本《ほん》

クジラのなかまはゆびが5本《ほん》

ぼくも
なかまだよ～
カバは下《した》あごに
長《なが》いきばがあるよ！

どちらも同《おな》じ「ほにゅうるい」という大《おお》きなくくりのなかまです。

ただし、もっと細《こま》かく分《わ》けると、カバは「クジラぐうてい目《もく》」というグループのなかまです。ほかにはウシやキリンなどがいて、みんなあしのゆびが2本《ほん》か4本《ほん》というとくちょうがあります。なんと、海《うみ》にすむクジラもこのグループです。

サイは「ウマ目《もく》」というべつのグループです。ほかにはウマやバクがいて、後《うし》ろあしのゆびは、1本《ぽん》か3本《ぼん》です。

ほにゅうるいは進化《しんか》のとちゅうで、いくつかのグループに分《わ》かれていったのです。

ウマ目《もく》
後《うし》ろあしのゆびが1本《ぽん》または3本《ぼん》
サイははなの上《うえ》のツノが目《め》じるしさ！

ほにゅうるいをグループに分《わ》けてみよう

ほにゅうるいは体《からだ》のとくちょうなどからなかま分《わ》けができます。いくつかのグループをしょうかいしましょう。

そもそも ほにゅうるいって どんな生《い》きもの？

- 赤《あか》ちゃんをうむ。
- 赤《あか》ちゃんをおっぱいでそだてる。
- 体《からだ》のおんどがあまりかわらない。
- 多《おお》くは毛《け》が生《は》えている。
- 「はい」で、いきをする。

といったとくちょうがあるよ！

ネコ目《もく》（食肉目《しょくにくもく》）

- ✓ かりをするためのするどい歯《は》やよく見《み》える目《め》がある。
- ✓ ほかの生《い》きものを食《た》べる肉食《にくしょく》どうぶつ。

肉《にく》よりもしょくぶつを食《た》べるものもいるよ
魚《さかな》やイカを食《た》べるよ

ネズミ目《もく》

- ✔ 前歯《まえば》のまん中《なか》の歯《は》（門歯《もんし》）が上下《じょうげ》1つずつ。
- ✔ 門歯《もんし》が一生《いっしょう》のびつづける。

ぼにゅうるいの中《なか》でいちばんしゅるいが多《おお》い！

コウモリ目《もく》

- ✔ 空《そら》をとぶ。

ぼにゅうるいの中《なか》でとべるのはボクだけ！

ウサギ目《もく》

- ✔ 大《おお》きな耳《みみ》と後《うし》ろあしがある。

サル目《もく》（れいちょう目《もく》）

- ✔ 多《おお》くはゆびが5本《ほん》で、ものをつかむことができる。
- ✔ りょう目《め》が前《まえ》をむいている。

人間《にんげん》もサル目《もく》のなかま！
ぼにゅうるいは、ぜんぶで27のグループに分《わ》けられるよ！

生《い》きもののおはなし

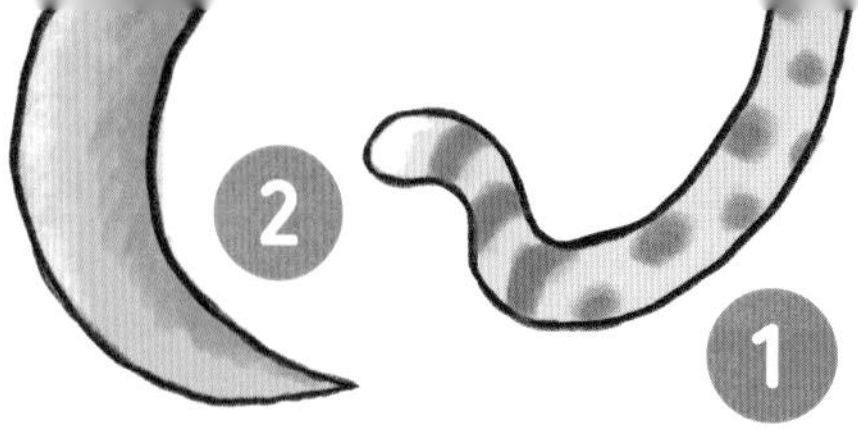

しっぽクイズ！
だれのしっぽ？

どうぶつのしっぽは何《なん》のため？

長《なが》いしっぽ、ふさふさのしっぽ、かたいしっぽ。どうぶつのしっぽは、いったい何《なん》のためにあるのでしょうか。

じつは、しっぽはさまざまなことにつかわれます。たとえば、イヌはこうふんすると、しっぽをブンブンふりますね。ネコは、おこるとしっぽをブワッとふくらませます。しっぽで気《き》もちをあらわしているのです。

ほかにも、しっぽで木《き》にぶら下《さ》がるサルのなかまや、じゃまな虫《むし》をしっぽでおいはらうゾウなどのように、手《て》のかわ

クイズの答《こた》え

1 チーター

2 カンガルー

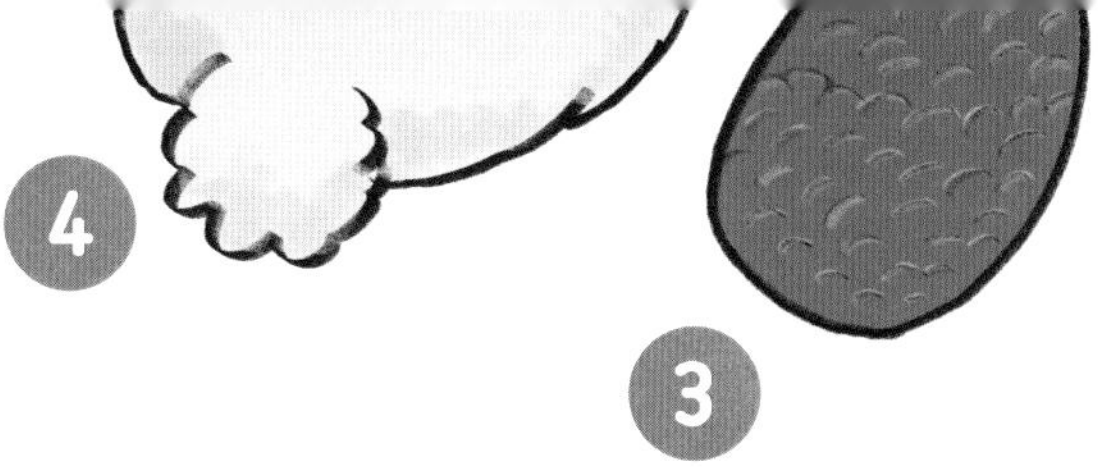
4
3

5
6

りにつかうものもいます。走《はし》るときにむきをかえたり体《からだ》のバランスをとったりするのも、しっぽのやくわりです。

人《ひと》にはしっぽがありませんが、じつは、おしりのほねの先《さき》にしっぽのあとがのこっています。人《ひと》の体《からだ》から、いつ、そしてなぜしっぽがなくなったのかは、まだわかっていません。

どれがだれのしっぽか
わかったかな？
6 ゾウ
5 アカクモザル
3 ビーバー
4 パンダ

しっぽのつかい方《かた》いろいろ

いろいろなやくわりがある、
どうぶつのしっぽ。
どんなふうにつかわれて
いるのでしょうか?

ハエなどの虫《むし》をおいはらう
走《はし》るときにバランスをとる
てきにこうげきをする

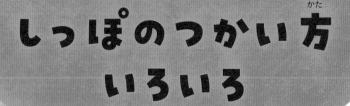

とぶほうこうの
かじとり、ブレーキ
木《き》にまきつけて
体《からだ》をささえる
ねるときに
まくらにする
およぐために
つかう
人《ひと》もむかし
しっぽがあったけど、
なくなったよ。
りゆうはわかって
ないんだ！

鳥《とり》はどうしてとべるの？

鳥《とり》のように空《そら》をとんで、どこにでも行《い》けたら、楽《たの》しいし、べんりですね。でも人《ひと》は、どんなにがんばっても、とべません。鳥《とり》がとべるのは、とくべつな体《からだ》のつくりのおかげです。

鳥《とり》の前《まえ》あしは、羽《はね》でおおわれた、大《おお》きなつばさです。つばさを広《ひろ》げたり、力強《ちからづよ》く上下《じょうげ》にうごかしたりして、風《かぜ》の力《ちから》をじょうずにつかってとぶのです。

つばさをうごかすために、むねには、とても強《つよ》くて、じょうぶなきんにくがついています。

つばさがあっても、体《からだ》がおもくてはとべません。このため鳥《とり》の体《からだ》は、大《おお》きさのわりにかるくできています。ほねの中《なか》は、スポンジのように、すきまが空《あ》いています。

また、食《た》べたものを体《からだ》にためておかないで、いらないものは、みじかい時間《じかん》でふんとおしっこにして、外《そと》に出《だ》します。

鳥《とり》がとべるひみつ

ひみつ1

ほねの中《なか》はスポンジみたいにすきまがたくさん。

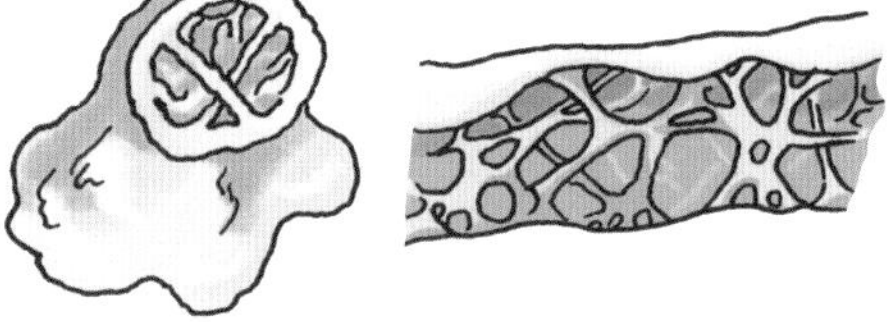

ひみつ2

むねのきんにくは体《からだ》を4とうぶんした、ひとつぶんもある！

ひみつ3

食《た》べて数時間後《すうじかんご》にはふんやおしっこをして、体《からだ》をかるくする。

鳥《とり》のとび方《かた》を かんさつしよう！

鳥《とり》をよく見《み》てみると、いろいろなとび方《かた》をしています。
どんなとび方《かた》をしているのか、かんさつしてみましょう。

直線《ちょくせん》ひこう はばたきながら、まっすぐとびます。

はじょうひこう

はばたいたり、休《やす》んだりを
くりかえしてとびます。

はんしょう（ソアリング）
上《うえ》にむかう空気《くうき》のながれにのって、
上空《じょうくう》へあがっていきます。
トビ
チョウゲンボウ
ホバリング
えものをねらうとき、前《まえ》にも上《うえ》にもすすまず、ヘリコプターのように空中《くうちゅう》にとどまります。
ツバメ
かっくう
（グライディング）
少《すこ》しはばたいたあと、
つばさを広《ひろ》げたまま、
まっすぐとびます。
オオミズナギドリ
ダイナミックソアリング
海《かい》めんのなみにそった空気《くうき》のながれをつかってとびます。

生《い》きもののおはなし

インコはどうしてしゃべるの？

「おはよう」「こんにちは」などと、インコが人《ひと》のことばでしゃべることがありますね。それは、インコが人《ひと》となかよくなりたいからです。

もともとインコは、なかまとむれをつくってくらす鳥《とり》です。いつも、鳥《とり》のことばで、おしゃべりしています。インコのひなは、まわりのまねをして、ことばをおぼえます。

人《ひと》にかわれたインコは、まわりにインコのなかまがいません。そのかわり、人《ひと》をなかまだと思《おも》っているようです。

だから、人《ひと》のことばをまねしておぼえて、おしゃべりしているというわけです。

インコのしたは、ほかの鳥《とり》とくらべて太《ふと》く、よくうごきます。また、のどのつくりが人《ひと》と少《すこ》しにているので、人《ひと》のことばをはなせるようになります。

どうぶつたちの コミュニケーション

人《ひと》は、ことばや顔《かお》、手《て》など体《からだ》のうごきをつかって、
あいてに気《き》もちをつたえますね。ほかの生《い》きものたちは、
どんなほうほうをつかうのでしょうか？

どうぶつご
ほんやくき
カリニ イクノ
サンセイ！
エ

リカオン

むれでくらすリカオンは、かりに出《で》かけるかをきめるときに、なんと、くしゃみをしてなかまをさそいます。なかまも、さんせいするときにはくしゃみでこたえます。

タヌキ

タヌキは、「ためフン」といって何《なん》びきかで同《おな》じばしょをトイレにつかいます。おたがいのフンにまざるたねなどを見《み》て、近《ちか》くにどんな食《た》べものがあるか、知《し》るのです。

チカクニ タベモノ
アルヨ
エ

コレカラ カリニ
イクゾ！

ミノカサゴ

ミノカサゴは、どくのある長《なが》いひれを広《ひろ》げて小魚《こざかな》などをつかまえて食《た》べます。近《ちか》くにほかのミノカサゴがいると、ひれで合《あい》図《ず》していっしょにかりをすることもあります。

ミンナ アツマレ！

イモムシ

イモムシの中《なか》には、おしりではっぱをこすったり、たたいたりして音《おと》を出《だ》し、なかまをよぶものもいるようです。

コンニチハ！
アソボウ！

デグー

ネズミのなかまのデグーは、いろいろな鳴《な》き声《ごえ》でなかまと気《き》もちをつたえ合《あ》います。こわいときやうれしいとき、なかまをよぶときなど、ぜんぶ鳴《な》き声《ごえ》はちがっています。

海《うみ》の魚《さかな》はどうして川《かわ》で生《い》きられないの？

海《うみ》にすむ魚《さかな》は、川《かわ》では生《い》きられません。川《かわ》にすむ魚《さかな》も、海《うみ》では生《い》きられないのです。そのわけは、水《みず》のせいしつとかんけいがあります。

池《いけ》や川《かわ》のま水《みず》とちがって、海水《かいすい》はとてもしょっぱいですね。水《みず》の中《なか》にたくさんのしおがとけているためです。しおのこさがちがう水《みず》をあわせると、うすいほうからこいほうに水《みず》がうつって、同《おな》じこさになろうとします。

魚《さかな》の体《からだ》の中《なか》にも、水《みず》がふくまれています。海《うみ》の魚《さかな》は、体《からだ》の中《なか》の水《みず》を海《うみ》にすいとられないように、たくさん海水《かいすい》をのみ、えらからよけいなしおを出《だ》して、おしっこを少《すこ》ししかしません。ま水《みず》にすむ魚《さかな》は、あまり水《みず》をのまず、おしっこをたくさんします。

このため、海《うみ》の魚《さかな》がま水《みず》に入《はい》ると、のんだ水《みず》が体《からだ》の中《なか》にたまりすぎて、しんでしまいます。ぎゃくにま水《みず》にすむ魚《さかな》は、海《うみ》の中《なか》では体《からだ》から水《みず》がぬけてしわしわになってしまうでしょう。

魚《さかな》はそれぞれの水《みず》にあわせて、体《からだ》のしくみをかえてきたのです。

海《うみ》の魚《さかな》
水《みず》をたくさんのんで
えらからよけいなしおを出《だ》す。
おしっこはすこし。

川《かわ》と海《うみ》りょうほうで生《い》きるサケの一生《いっしょう》

サケは川《かわ》で生《う》まれて、海《うみ》で大《おお》きくなってまた川《かわ》にもどってきます。
サケの一生《いっしょう》を見《み》てみましょう。

サケが大《だい》へんしんするのはなぜ？

川《かわ》で生《う》まれて海《うみ》に下《お》りたときのサケは、ぎん色《いろ》の体《からだ》をしています。しかし、たまごをうむために川《かわ》にもどるころには、べに色《いろ》のはでな見《み》た目《め》にかわります。このように大《だい》へんしんするのは、メスにアピールするためといわれています。

大《おお》きくなったサケ（オス）

たまごをうむころ（オス）

① 川《かわ》で生《う》まれる

冬《ふゆ》に川《かわ》のそこのじゃりのあいだに生《う》まれる。1~2年《ねん》、川《かわ》やみずうみですごしてから海《うみ》へむかう。

② 海《うみ》にとうちゃく!

③ 北《きた》の海《うみ》をいどう

2~3年《ねん》はたいへいようの北《きた》のほうをいどうしながら大《おお》きくなる。

④ 生《う》まれた川《かわ》に帰《かえ》ってくる

海《うみ》で大《おお》きくそだったサケは、たまごをうむために生《う》まれた川《かわ》をめざす。

⑤ たまごをうむ

川《かわ》の上《じょう》りゅうにたどりついたサケはペアになってたまごをうむ。力《ちから》をつかいはたしたオスはしんでしまい、メスは1週間《しゅうかん》くらいたまごをまもる。

どうしてサケは生《う》まれた川《かわ》をおぼえているの?

はっきりとしたりゆうはまだ明《あき》らかになっていませんが、生《う》まれた川《かわ》のにおいをおぼえているから、たいようのいちや高《たか》さから自分《じぶん》のいちを知《し》ることができるから、などといわれています。

生《い》きもののおはなし

アサガオはどうして朝《あさ》にさくの？

アサガオの名前《なまえ》は、朝早《あさはや》くに花《はな》がさくことからつけられました。でも、アサガオの花《はな》は、朝《あさ》がきて明《あか》るくなったからさくわけではありません。

アサガオの花《はな》は、外《そと》がくらくなって10時間《じかん》くらいたつと、花《はな》びらがひらきます。たとえば、夜《よる》の7時《じ》にくらくなると、ちょうど朝《あさ》の5時《じ》ごろに花《はな》がさくというわけです。

アサガオは時計《とけい》をもっていないのに、どうして時間《じかん》がわかるのでしょうか。それは、体《からだ》の中《なか》に時間《じかん》をはかるしくみをそ

なえているからです。ためしに、つぼみのついたアサガオを1日中《にちじゅう》、明《あか》るいばしょにおいてみると、つぼみのままで花《はな》はさきません。

アサガオの花《はな》は、さくとその日《ひ》のうちにしぼんで、そのままかれてしまいます。そのかわり、つぎつぎと新《あたら》しいつぼみがついて、花《はな》がさきます。

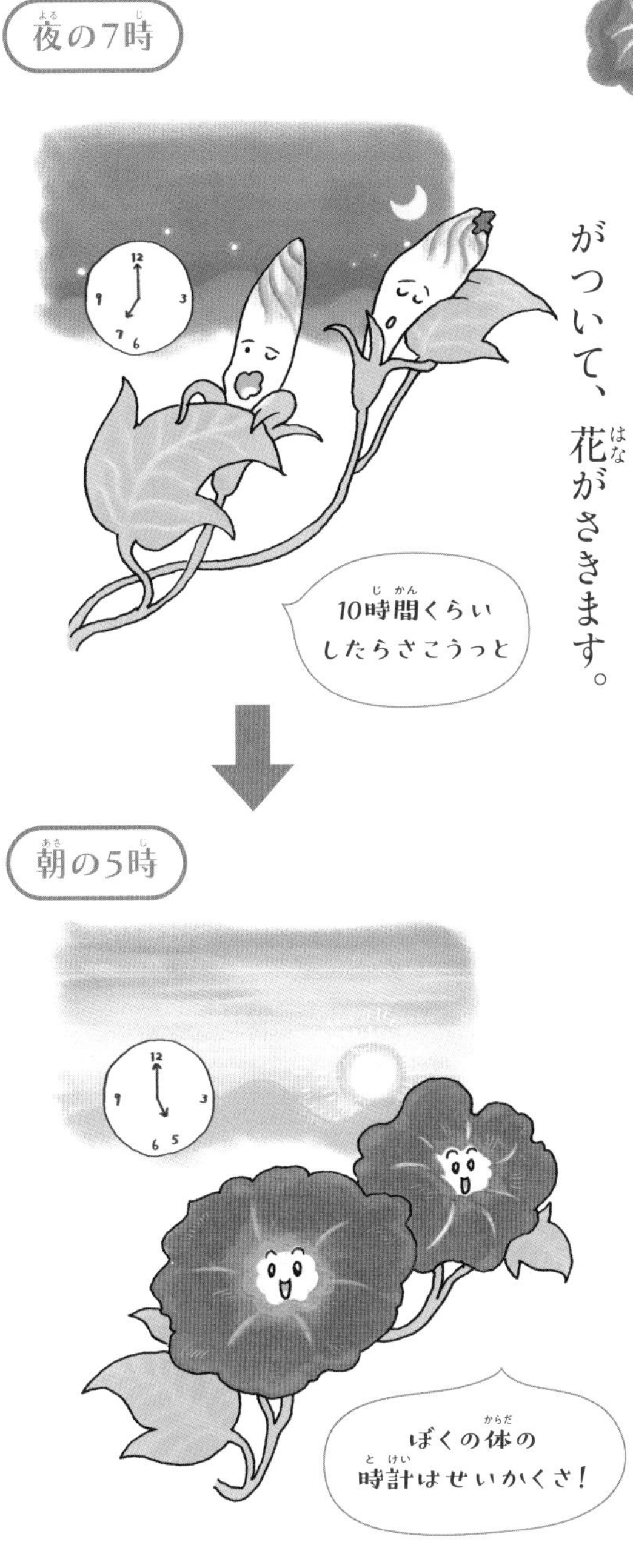
夜《よる》の7時《じ》
10時間《じかん》くらい
したらさこうっと
朝《あさ》の5時《じ》
ぼくの体《からだ》の
時計《とけい》はせいかくさ！

きみももってる体《たい》内《ない》時《ど》計《けい》

人《ひと》の体《からだ》の中《なか》にも「体《たい》内《ない》時《ど》計《けい》」があります。
昼《ひる》間《ま》は元《げん》気《き》にうごき、夜《よる》はゆっくり休《やす》めるように、体《からだ》のちょうしをととのえています。

光《ひかり》のしげきと
朝《あさ》ごはんで
体《たい》内《ない》時《ど》計《けい》をリセット！

しんぞう

夜《よる》にはゆっくりうごいて、朝《あさ》になるとドキドキ、元《げん》気《き》にうごけるようにたくさんの血《ち》を体《からだ》じゅうにおくります。

胃《い》

夜《よる》のあいだは休《やす》んでいて、朝《あさ》にはじゅんびばんたん！　食《た》べものがきたら元《げん》気《き》にうごきます。

腸《ちょう》

夜《よる》のあいだは休《やす》み、昼《ひる》間《ま》は食《た》べもののえいようを体《からだ》にとりこむために元《げん》気《き》にはたらきます。

のうにある親時計《おやどけい》

のうの中《なか》にある体内時計《たいないどけい》が親時計《おやどけい》。まゆ毛《げ》とまゆ毛《げ》のあいだのおくにある1ミリメートルほどの小《ちい》さなところです。親時計《おやどけい》が体《からだ》じゅうの時計《とけい》のリズムをととのえます。

親時計《おやどけい》は子時計《こどけい》のリズムをリードする役目《やくめ》も
子《こ》
子《こ》
子《こ》
親《おや》

体《からだ》のいたるところにある子時計《こどけい》

しんぞう、腸《ちょう》、かんぞうなどの体《からだ》じゅうのぞうきは、それぞれ子時計《こどけい》をもっています。子時計《こどけい》によって1日《にち》のちょうしがととのえられています。

朝《あさ》だよー！

かんぞう
昼間《ひるま》はえいようをぶんかいしてエネルギーのもとをつくり、夜《よる》はえいようをたくわえ休《やす》みます。

朝《あさ》か！

おお朝《あさ》か〜

やってみよう！

体内時計《たいないどけい》のととのえ方《かた》

1. 朝《あさ》おきたら、たいようの光《ひかり》をあびる。
2. 朝《あさ》ごはんをしっかり食《た》べる。
3. 夜《よ》ふかしせず、しっかりねむる。

生《い》きもののおはなし

カマキリのかまは何《なん》のためにあるの？

カマキリの左右《さゆう》の前《まえ》あしは、ほかの4本《ほん》のあしとくらべると、ずいぶん形《かたち》がちがっています。おりたたんだ長《なが》い前《まえ》あしは、草《くさ》をかりとるときにつかう「かま」とよくにていますね。

カマキリは、前《まえ》あしをさっとのばして、えものを引《ひ》っかけてつかまえ、がっちりはさみます。前《まえ》あしには　たくさんのとげがならんでいるので、えものはにげられません。それから、ボリボリ食《た》べてしまいます。かまで切《き》っているわけではありません。

かまは、えものをつかまえるだけでなく、ブラシのやくめもします。かまのうちがわには、細《こま》かい毛《け》が生《は》えていて、えものを食《た》べおわると、かまで目《め》をこすってきれいにします。

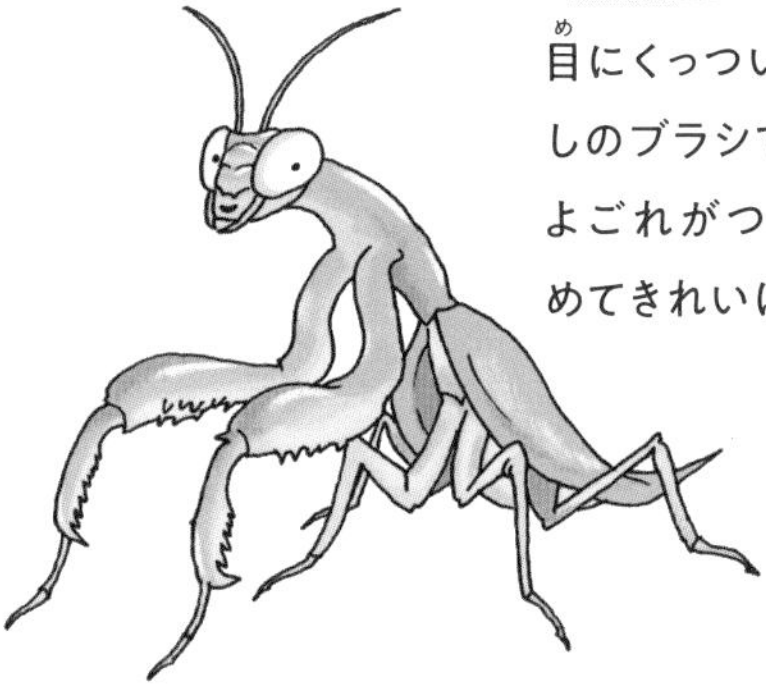

ブラシ

目《め》にくっついたよごれを、前《まえ》あしのブラシでとりのぞきます。よごれがついたブラシは、なめてきれいにします。

ふせつ

ふせつの先《さき》にはツメがついていて、すべりやすいはっぱの上《うえ》でも引《ひ》っかけて歩《ある》きます。立《た》つときに、前《まえ》あしをささえるやくめもあります。

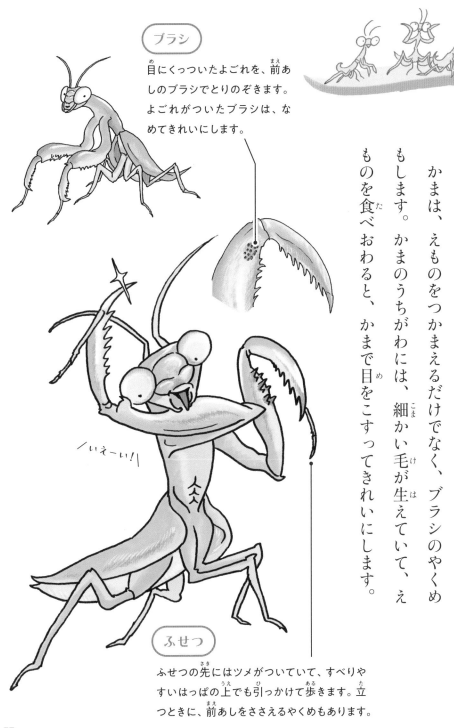

びっくりいっぱい カマキリのひみつ

カマキリには、びっくりするようなひみつがいくつもあります。
ここでは、いくつかのひみつと、
ふしぎな形《かたち》のカマキリをしょうかいしましょう。

後《うし》ろのほうまで見《み》える!

カマキリは、頭《あたま》をじゆうにうごかすことができます。体《からだ》が前《まえ》をむいたままでも、後《うし》ろのほうまで見《み》ることができるので、えものをさがすのにとてもべんりです。

夜《よる》は目《め》がまっ黒《くろ》!

カマキリの目《め》は、昼間《ひるま》はみどり色《いろ》ですが、夜《よる》になるとまっ黒《くろ》にかわります。くらいところでもよく見《み》えるように、光《ひかり》をたくさんあつめるためのしくみです。

体《からだ》をのっとられる!?

カマキリの体《からだ》の中《なか》に、ハリガネムシという生《い》きものが入《はい》ることがあります。せいちょうすると、中《なか》からカマキリの体《からだ》にめいれいしてわざと水《みず》に入《はい》らせ、自分《じぶん》は水中《すいちゅう》に出《で》ていきます。

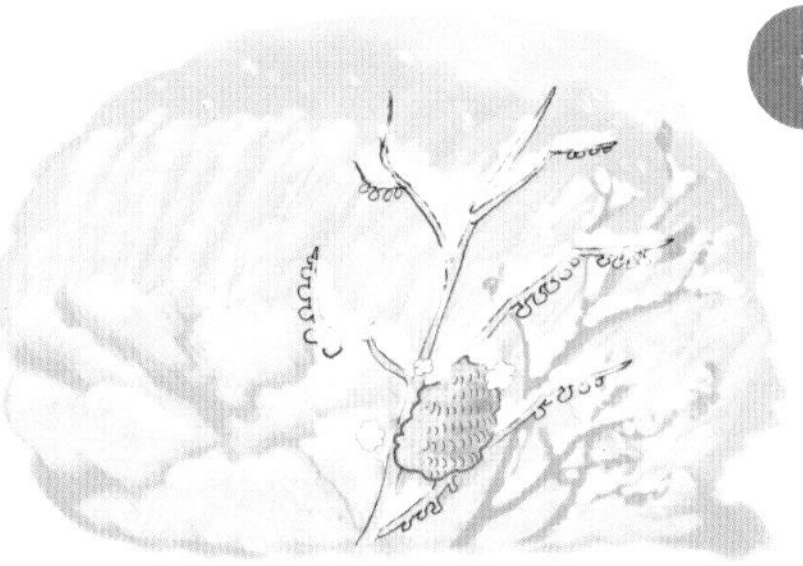

さむい冬《ふゆ》でもへいきなたまご！

カマキリのたまごは、「らんのう」というスポンジのようなふくろの中《なか》で冬《ふゆ》をこします。外《そと》がさむくても、らんのうの中《なか》は空気《くうき》をたくさんふくんでいるため、あたたかいです。

へんしんがとくいなカマキリ！

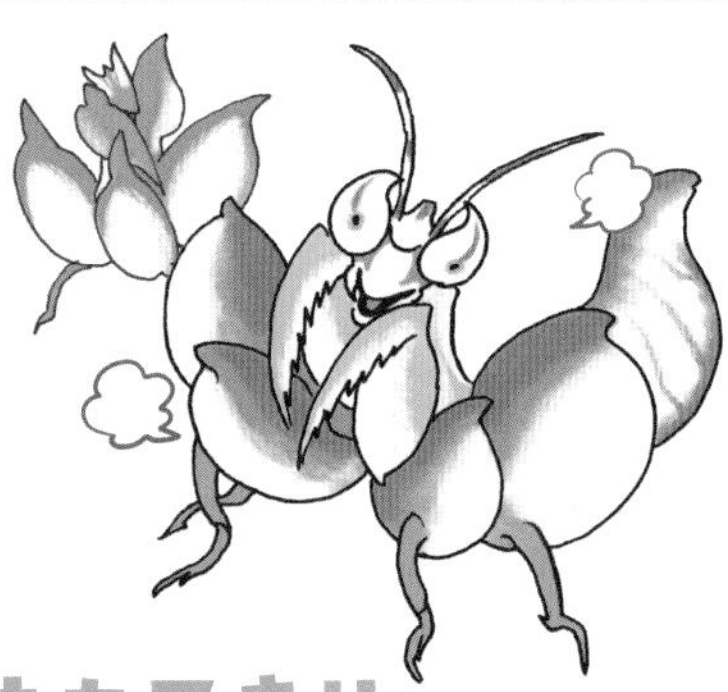

ハナカマキリ

ハナカマキリは、花《はな》とそっくり。花《はな》とまちがえてえものがくるのを、まちぶせします。

カレハカマキリ

かれたはっぱとそっくりなカレハカマキリ。おちばの中《なか》にいると、てきに見《み》つかりません。

生《い》きもののおはなし

クモは自分《じぶん》の「す」に引《ひ》っかからないの？

クモは、虫《むし》などをつかまえて食《た》べます。クモの「す」は、えものをつかまえるための、わなにつかわれます。

クモは、おなかの先《さき》の「糸《いと》いぼ」から糸《いと》を出《だ》して、あみのようなすを作《つく》ります。糸《いと》はべたべたしていて、えものの虫《むし》が引《ひ》っかかると、くっついてうごけなくなるのです。クモは、えものに近《ちか》づいて、糸《いと》でぐるぐるまきにして

まん中《なか》までもどってぶら下《さ》がる。

糸《いと》をたらして風《かぜ》にのせてとばす。くっつくと糸《いと》を出《だ》しながら行《い》ったりきたりする。

食《た》べます。

でも、なぜクモは、自分《じぶん》のすに引《ひ》っかからないのでしょうか。

じつは、クモのすには、べたべたする糸《いと》と、べたべたしない糸《いと》がつかわれています。そしてクモは、べたべたしない糸《いと》の上《うえ》だけを歩《ある》きます。だから、引《ひ》っかからないのです。

もし、まちがえてべたべたの糸《いと》にさわってしまっても、だいじょうぶ。クモのあし先《さき》には、先《さき》の分《わ》かれた細《こま》かい毛《け》がたくさん生《は》えていて、糸《いと》にくっつくぶぶんが少《すく》ないので、はがしやすくなっているのです。

せまいかんかくで、べたべたする
よこ糸《いと》をはったらかんせい！

おうふくしながら、1しゅうわくをはる。

知《し》られざるスゴイ虫《むし》の「す」

クモのほかにも、「す」を作《つく》る虫《むし》はたくさんいます。
思《おも》わず「スゴイ!」と言《い》ってしまいそうな、虫《むし》のすをあつめました。

水《みず》の中《なか》に作《つく》ってスゴイ!

ミズグモのす

水草《みずくさ》のあいだに糸《いと》を丸《まる》くはって、すを作《つく》ります。おしりに空気《くうき》のあわをつけて、水中《すいちゅう》に空気《くうき》をはこびます。

すの中《なか》に空気《くうき》が
入《い》れてあるよ。
水中《すいちゅう》で生《い》きられる
クモはぼくだけ!

えものがおちて
くるのをまつよ

べんりでスゴイ!

アリジゴクのす

すなの中《なか》のすりばち形《がた》のすです。ぐるぐるとすなを丸《まる》くほって、すのまん中《なか》でかくれてまちます。すにえものがおちると、えものにどくを入《い》れてつかまえます。

とうげいかみたいでスゴイ！

キアシトックリバチのす

おさけを入《い》れる「とっくり」ににた、3センチメートルくらいのすです。やわらかくした土《つち》を口《くち》にくわえてはこび、つみかさねて形《かたち》ができたら入《い》り口《ぐち》からたまごをうみつけて食《た》べものを入れ、ふたをします。

とっくり
この中《なか》で子《こ》どもを
そだてるんだ

たまごを
まもってくれるよ

きようでスゴイ！

ヒメクロオトシブミのす

はっぱでくるんだつつ形《がた》のすです。あごをつかってはっぱを切《き》り、くるくるまいて作《つく》ります。中《なか》にはたまごがうみつけてあり、はっぱはよう虫《ちゅう》のごはんにもなります。

もちはこべてスゴイ！

マダラマルハヒロズコガのす

丸《まる》を２つならべたような形《かたち》のすです。よう虫《ちゅう》は、すから顔《かお》とあしだけを出《だ》して、すをひきずるようにいどうします。細《こま》かくくだいた木《き》のかけらを2まいのいたのようにして、口《くち》から出《だ》す糸《いと》でくっつけてとじます。

頭《あたま》とあしだけ外《そと》に
出《だ》して、すごと
いどうする

の　おはなし
どんなことが
わかるかな？　いっしょに
さがしに行《い》こう！

くらし

食《た》べものや、ようふくや、どうぐなど
みぢかなものにも、ひみつがつまっています。
もののうごきや、しくみについても、
見《み》ていきましょう。

くらしのおはなし

ファスナーは、どうやってできたの？

ファスナーは、「スライダー」というぶぶんをうごかすだけで、かんたんにあけたりしめたりできます。今《いま》ではふくやバッグなどにつかわれていますが、そのはじまりは、くつにありました。

むかし、アメリカでよくはかれた長《なが》いブーツは、はくのがとてもたいへんでした。くつひもをしめてむすぶことに時間《じかん》がかかって、とてもめんどうだったのです。そこで1891年《ねん》、ブーツをかん

ひものブーツ
ひものブーツははくのがめんどうだ……

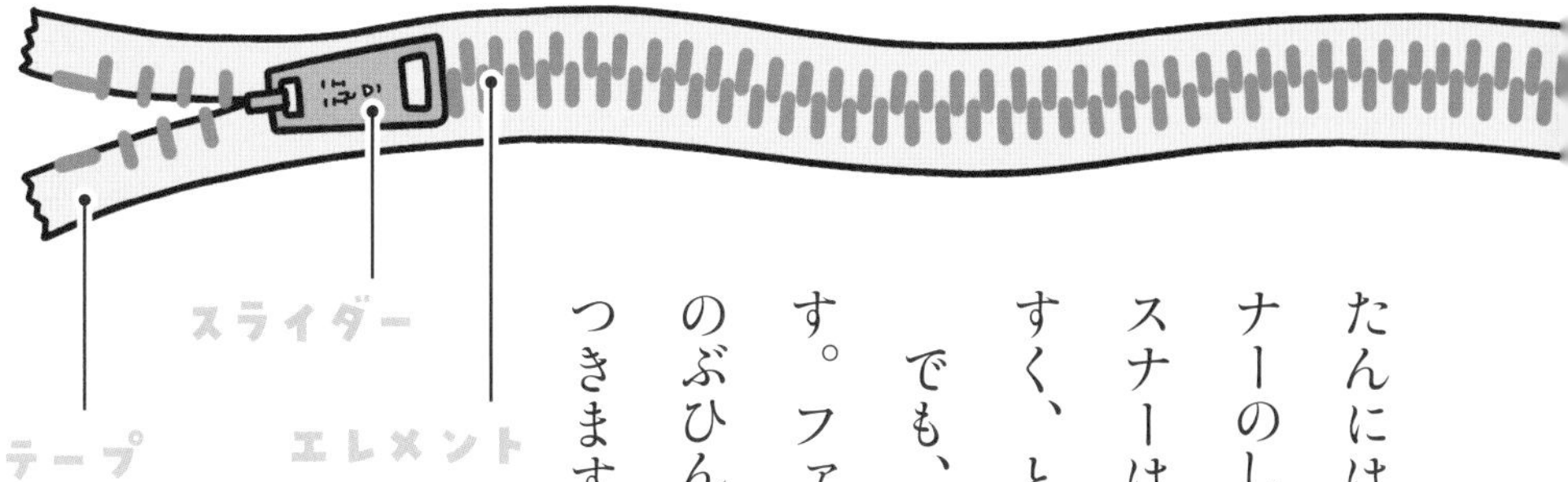
スライダー
テープ
エレメント
今《いま》のファスナーは
これらの3つのぶひんから
できているよ！
しっかりかみあって
ひらかないんだ

たんにはくために、ジャドソンという人《ひと》がファスナーのしくみを考《かんが》えました。さいしょのころのファスナーは金《きん》ぞくでできていて、ひらいてしまいやすく、とても大《おお》きなものでした。

でも、そのきほんてきなしくみは、今《いま》と同《おな》じです。ファスナーは、スライダーの中《なか》に、ギザギザのぶひんが入《はい》って、たがいちがいにかみあってくっつきます。

ファスナーにしたら
楽《らく》ちんになるぞ
ファスナーのブーツ
たんじょう！
ジャドソンさんの
ファスナーは
あいてしまうことも
多《おお》かったよ！
オ〜〜

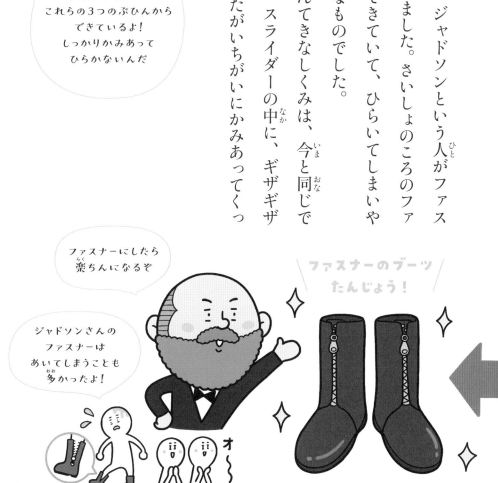

びっくり！とくべつなファスナー

うちゅうや海《うみ》、がっきなど、いろいろなところでつかわれている、とくべつなファスナーをしょうかいします。

ぎゅうにゅうをはこぶタンクに！

やわらかいタンクなので、空《から》になったら小《ちい》さくたためます。ファスナーを大《おお》きくひらいて、中《なか》をあらうこともできます。

うちゅうふくに！

ロケットをうち上《あ》げるときなどにきるふくです。空気《くうき》も通《とお》さないファスナーで、うちゅうひこうしをきあつのへんかからまもります。

海水《かいすい》の中《なか》でも
さびない！

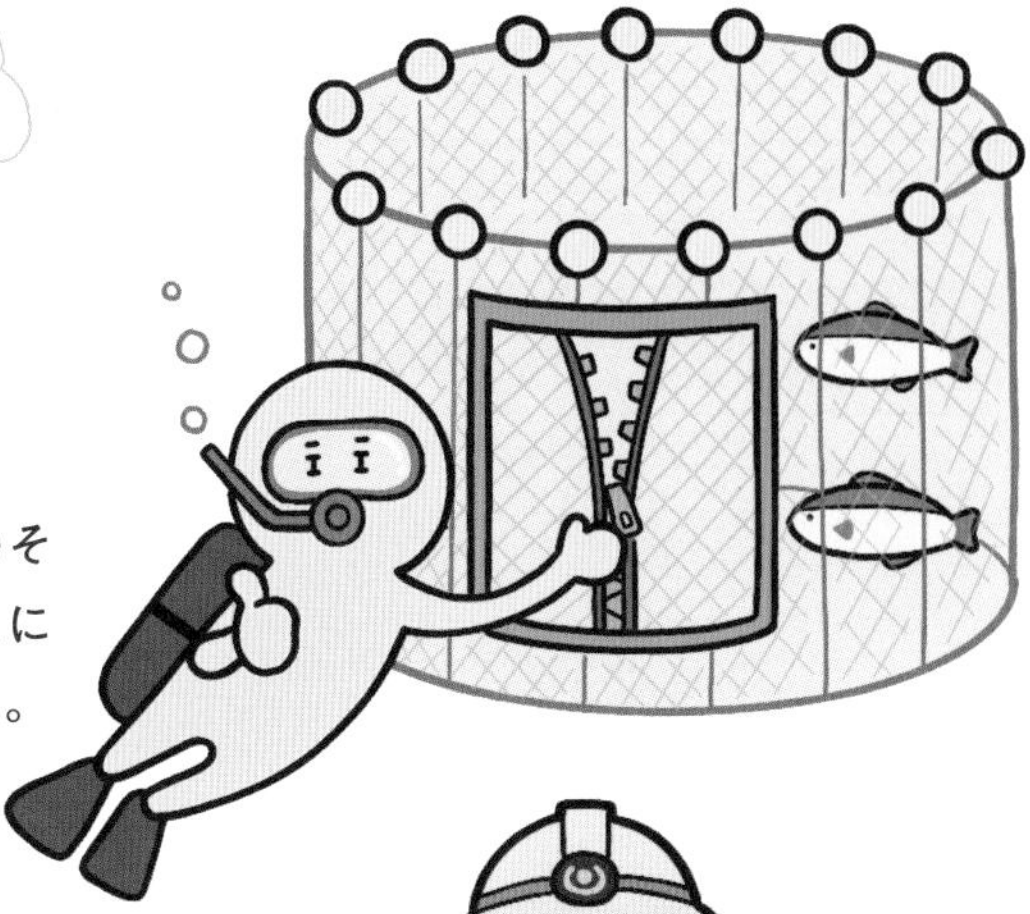

魚《さかな》のようしょくに！

金《きん》ぞくではなく、「じゅし」というそざいからできているので、海水《かいすい》に長《なが》いあいだつかってもさびません。

ねつに強《つよ》い！

しょうぼうふくに！

火《ひ》のねつでもえたり、とけたりしないように、とくしゅなそざいでできているファスナーがつかわれています。

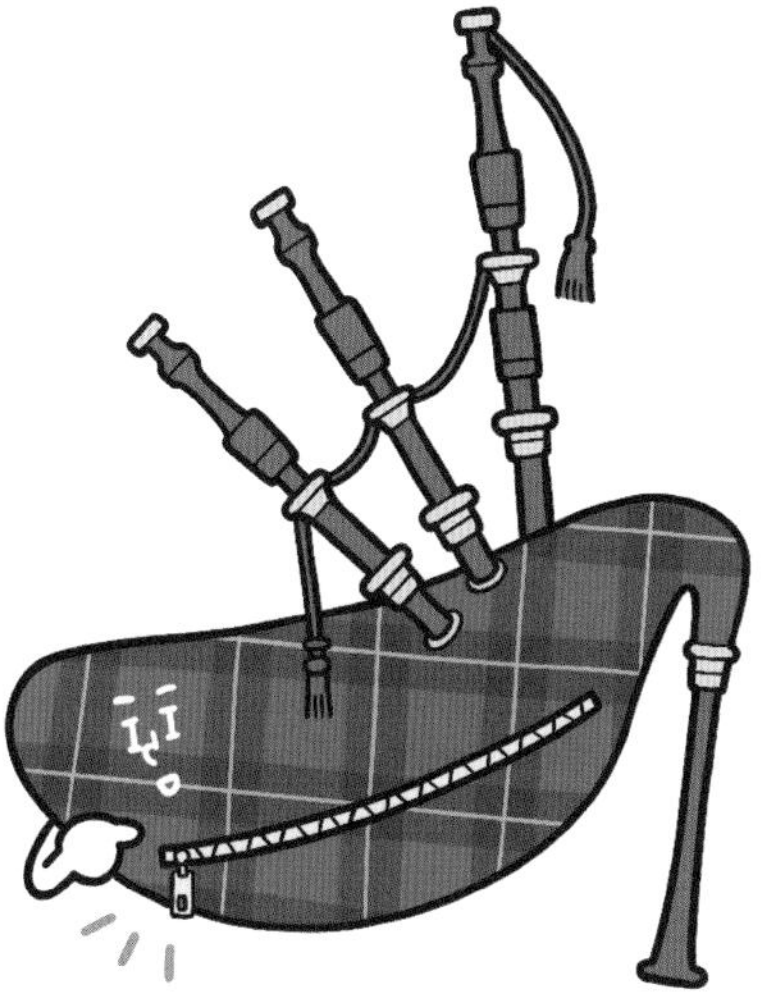

そうじをしやすく！

がっきのバグパイプに！

ファスナーがあることで、中《なか》をそうじしやすくしています。えんそう中《ちゅう》には空気《くうき》がもれないようになっています。

くらしのおはなし

ほこりはどこからくるの？

毎日《まいにち》そうじをしていても、ほこりはいつのまにかやってきます。

ほこりは、いろいろなものの小《ちい》さなかけらです。ふくからおちた糸《いと》くずや、食《た》べもののくず、ふとんから出《で》たわたくずなどが、ほこりになります。へやのほこりの半分《はんぶん》いじょうは、せんいのほこりです。ほかに、わたしたちのひふからおちるかけらや、頭《あたま》から出《で》るフケ、ダニやダニのふん、しが

ダニ、ダニのふんやしがい
かみの毛やフケ
食べもののくず
糸くず

いも、ほこりになります。しょくぶつから出《で》る花《か》ふんや、土《つち》ぼこりもです。ふわふわとただよいながら、家《いえ》の中《なか》に入《はい》ってきます。

人《ひと》がうごくと空気《くうき》がうごきます。すると、空中《くうちゅう》をただよう外《そと》のほこりをつれてきたり、へやの下《した》におちていたほこりがもういちどまいあがって広《ひろ》がったりします。

ほこりがたまると、そこでカビや細《さい》きんがふえ、びょうきのげんいんになることもあります。

ほこりはしっかり、そうじしましょう！

花ふん
土《つち》ぼこり
車《くるま》から出《で》るガスやすす
カビや細《さい》きん

ほこりがたまるしくみ

ほこりのせいで、アレルギーやぜんそくなどのびょうきを引《ひ》きおこすこともあります。毎日《まいにち》元気《げんき》にすごすために、そうじのしかたもくふうしましょう。

朝《あさ》 人《ひと》がうごき出《だ》すと…

ふとんやふく、体《からだ》から、ほこりが出《で》る。空気《くうき》もうごき、おちていたほこりがまい上《あ》がる。

たいさく①

そうじは朝《あさ》に！

そうじきをかけるとゆかのごみがよくとれます。上《うえ》からそうじをするのもだいじ。電気《でんき》のかさやエアコンの上《うえ》にたまったほこりもとりのぞきましょう。

ほこりも家《いえ》に入《はい》ってくる。ゆかなどにおちていたほこりは、人《ひと》がうごくことでまい上《あ》がる。

空気《くうき》がうごかなくなり、ほこりはゆっくりと下《した》におちてたまっていく。

夕方《ゆうがた》 人《ひと》が帰《かえ》ると…

夜《よる》 人《ひと》がねると…

たいさく②

ふくをきれいに

ふくはこまめにせんたくします。糸《いと》くずや、外《そと》でついた花《か》ふんなどもあらいながすことができます。

たいさく③

体《からだ》もきれいに

体《からだ》や頭《あたま》のよごれは、おふろできれいにあらいながします。へやの中《なか》の毛《け》くずなどをへらせます。

くらしのおはなし

どうしてジェットコースターはおちないの？

ぐるっとかいてんするジェットコースターは、さかさになるのにおちません。いったいなぜでしょう。それは、ジェットコースターがとてもはやくうごいているからです。

ものが円《えん》をえがいて回《まわ》るとき、中心《ちゅうしん》から外《そと》にむかって引《ひ》っぱられる力《ちから》がかかります。この力《ちから》を「遠心力《えんしんりょく》」といいます。はやければ、はやいほど、この力《ちから》は大《おお》きくなります。

だから、ジェットコースターがとてもはやくかいてんするときは、ジェットコースターがじめんにおちようとする力《ちから》より、外《そと》に引《ひ》っぱられる力《ちから》が大《おお》きくなるため、下《した》におちないのです。

ただし、ジェットコースターはレールに車体《しゃたい》がしっかりとりつけてあるので、かいてんするいきおいがなくなっても、じっさいにおちることはありません。

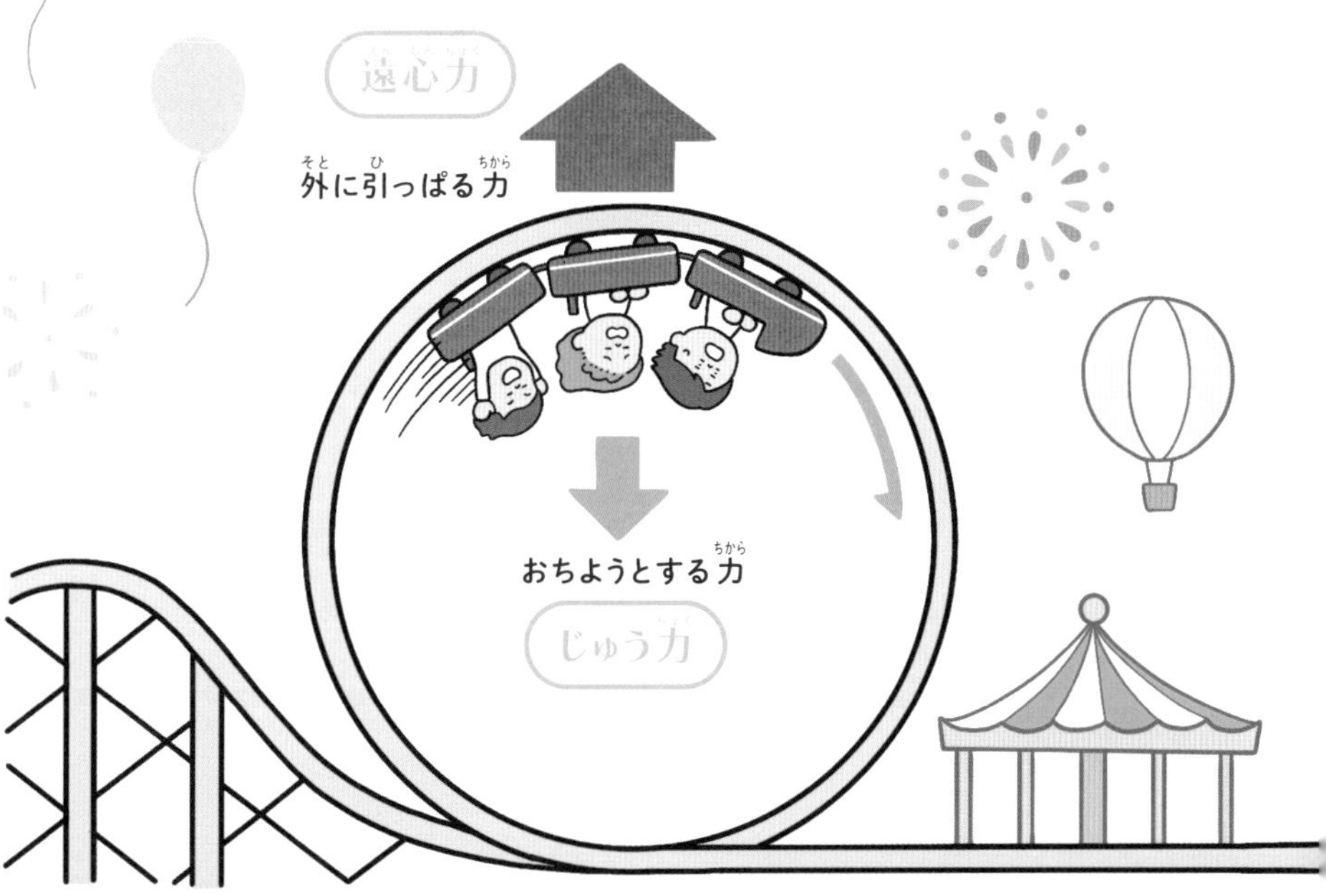

みぢかなところに たくさんある 遠《えん》心《しん》力《りょく》

外《そと》にむかって引《ひ》っぱられる力《ちから》「遠《えん》心《しん》力《りょく》」。遠《えん》心《しん》力《りょく》をかんじられるばめんは、ふだんの生《せい》活《かつ》の中《なか》にもあります。いくつかしょうかいしましょう。

のりものがまがるとき

じてんしゃなどにのっていて、左《ひだり》にまがろうとするときは、体《からだ》を左《ひだり》にかたむけるでしょう。これは、遠《えん》心《しん》力《りょく》で体《からだ》が外《そと》にとばされることをふせいでバランスをとるためです。

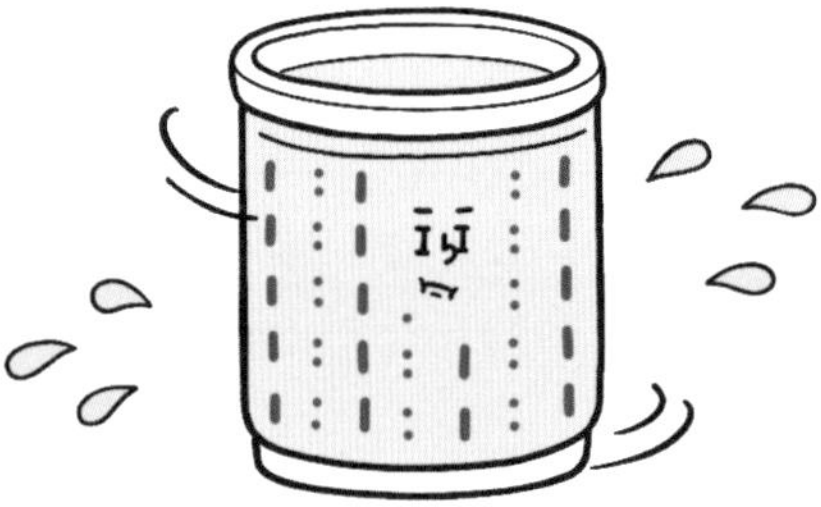

せんたくきのだっ水《すい》

せんたくものを入《い》れているつつがたの「せんたくそう」がはやいスピードでかいてんすることによって、せんたくものについた水《すい》分《ぶん》を外《そと》にとばしています。

やさいの水《みず》切《き》り

だっ水《すい》と同《おな》じしくみで、やさいについた水《みず》をとばしています。

やってみよう！

遠《えん》心《しん》力《りょく》をかんじてみよう！

ジェットコースターのように、かいてんしても
おちないことを水《みず》をつかってたしかめてみましょう。

ようするもの　バケツ、水《みず》

1 バケツに半分《はんぶん》ほど水《みず》を入《い》れる。

2 自分《じぶん》がもちやすいほうの手《て》でバケツをもち、うでをまげずに思《おも》いきり回《まわ》す。

3 うでとバケツがま上《うえ》にきたときも、バケツの中《なか》から水《みず》がおちてこないことをかくにんしよう。
かくにんしたら、回《まわ》すはやさを少《すこ》しずつゆっくりにして止《と》める。

くらしのおはなし

電《でん》車《しゃ》でジャンプしたらどうなる？

電車《でんしゃ》がきゅうブレーキをかけて止《と》まると、のっている人《ひと》は、電車《でんしゃ》がすすんでいたほうこうにたおれそうになります。これは、電車《でんしゃ》の中《なか》にいる人《ひと》が止《と》まっているつもりでも、走《はし》る電車《でんしゃ》と同《おな》じように前《まえ》にすすんでいるためです。電車《でんしゃ》が止《と》まっても、のっている人《ひと》の体《からだ》は前《まえ》にすすみつづけようとするので、たおれそうになるのです。

電車《でんしゃ》の中《なか》で、上《うえ》にジャンプしたとしましょう。

電車《でんしゃ》のうごき

上《うえ》にジャンプしたつもりでも、
じつは前《まえ》のほうに
すすんでいます。

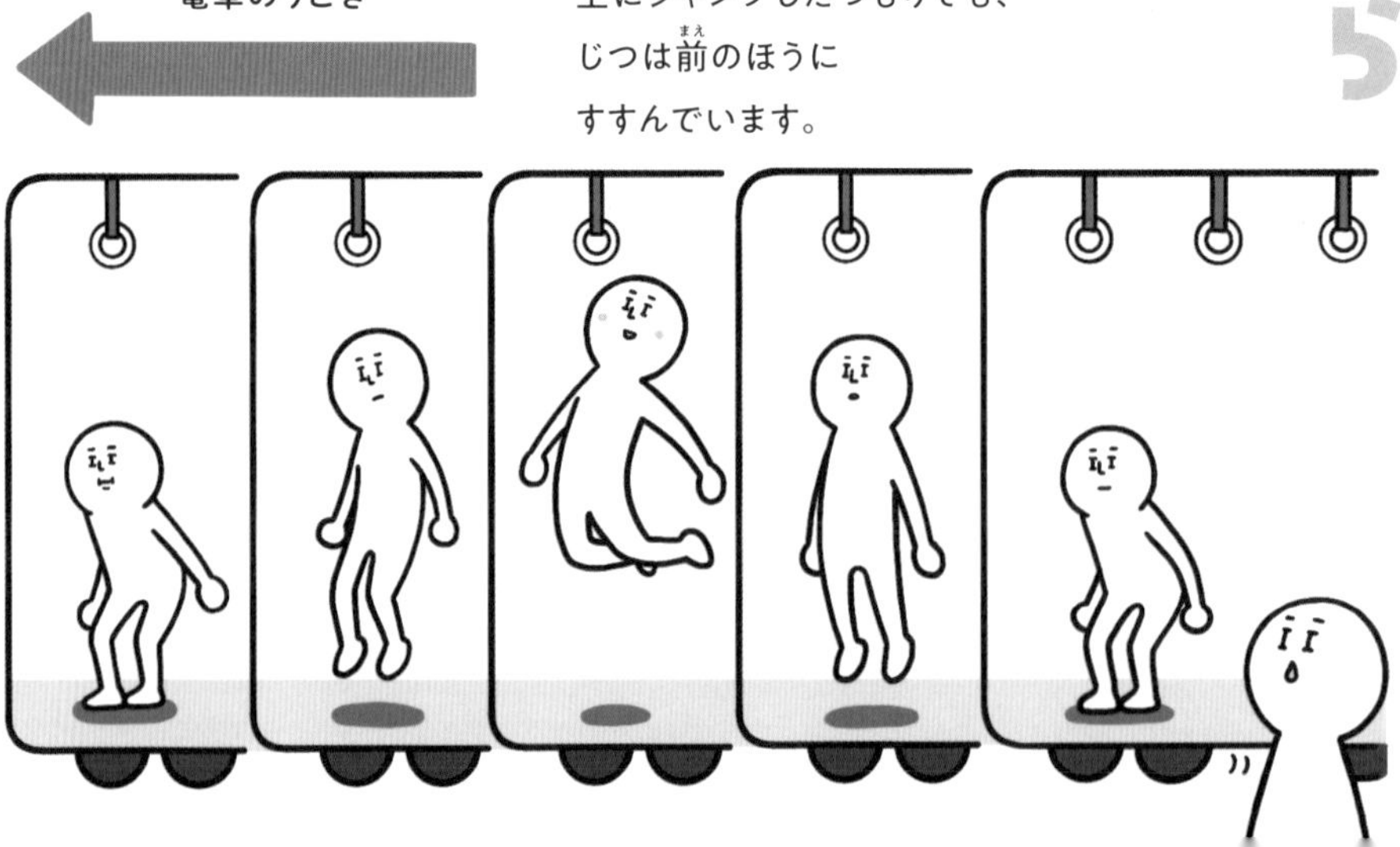

電車《でんしゃ》の中《なか》の人《ひと》から見《み》れば、上《うえ》にジャンプしておりてきただけなので、とんだあとは電車《でんしゃ》のゆかに足《あし》がつきます。でものっている人《ひと》は、ジャンプしたときも、空中《くうちゅう》にうかんでいるときも、じつは電《でん》車《しゃ》と同《おな》じスピードでうごいているのです。

もしもジャンプしたしゅんかんに、電車《でんしゃ》がきゅうブレーキをかけたら、電車《でんしゃ》は止《と》まっても空中《くうちゅう》の人《ひと》はうごいていますから、電車《でんしゃ》の前《まえ》のほうにぶつかったり、たおれそうになったりします。

これはものがうごくとき、そのままうごきつづけようとするせいしつがあるからです。

電車《でんしゃ》が止《と》まっても、体《からだ》は前《まえ》にうごきつづけようとします。

たしかめよう！ものの うごき

ものは、うごいているときはうごきつづけようとします。
はんたいに、ものが止《と》まっているときは止《と》まりつづけようとする
せいしつがあります。クイズでたしかめてみましょう。

クイズ1

しおの入《はい》ったびんを
ふったあと、しおが
出《で》てくるのはどっち?

A《エー》 びんを前《まえ》に出《だ》したとき

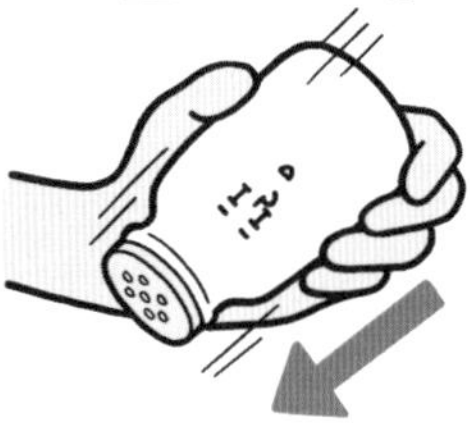

B《ビー》 びんを止《と》めたとき

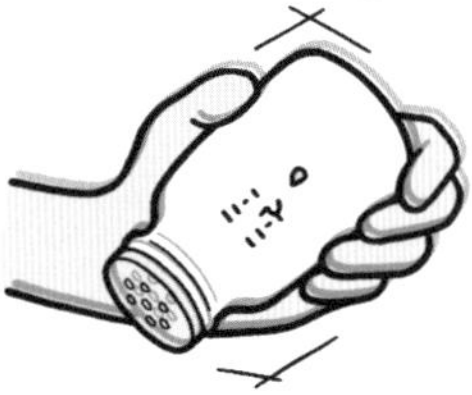

クイズ2

エレベーターに
のっていて、ふわっと
するのはどっち?

A《エー》 下《お》りるしゅんかん

B《ビー》 上《うえ》にあがっているとちゅう

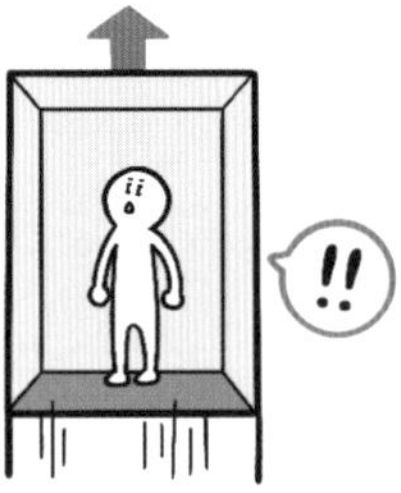

答《こた》え

1はB《ビー》 びんをふったとき、しおは少《すこ》しだけおくれてびんと同《おな》じほうにうごきます。
びんを止《と》めたときにしおはまだすすもうとするため、しおがびんから出《で》ます。

2はA《エー》 エレベーターが下《お》りるしゅんかんは、人《ひと》はまだ元《もと》のばしょに止《と》まっています。
だから、ゆかから少《すこ》しういたようにふわっとかんじます。

やってみよう！

テーブルクロスひき

ものが止《と》まろうとする力《ちから》をかんじられる
かくしげいにちょうせんしてみましょう。

ようするもの テーブルクロス、ペットボトル、水《みず》

1 ペットボトルを何本《なんぼん》か
ようじして、中《なか》に水《みず》を入《い》れて
フタをしめる。

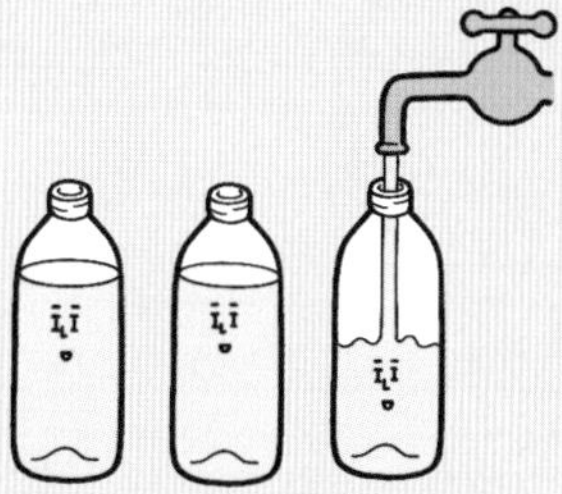

2 テーブルクロスを広《ひろ》げた
テーブルの上《うえ》に、
ペットボトルをならべる。

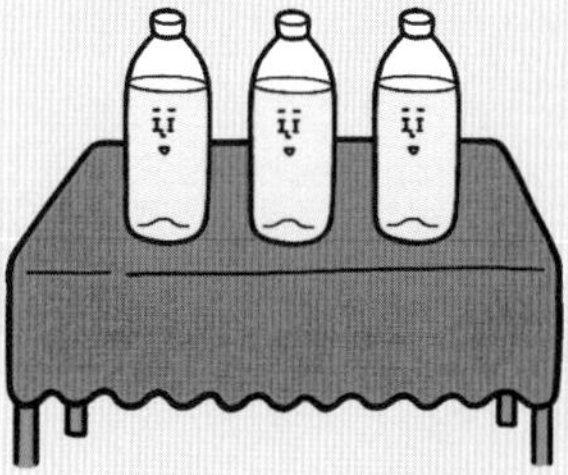

3 ペットボトルがたおれない
ように、テーブルクロスを
一気《いっき》にひきぬこう！
水《みず》のりょうをかえると、
どんなちがいがあるかも
見《み》てみよう。

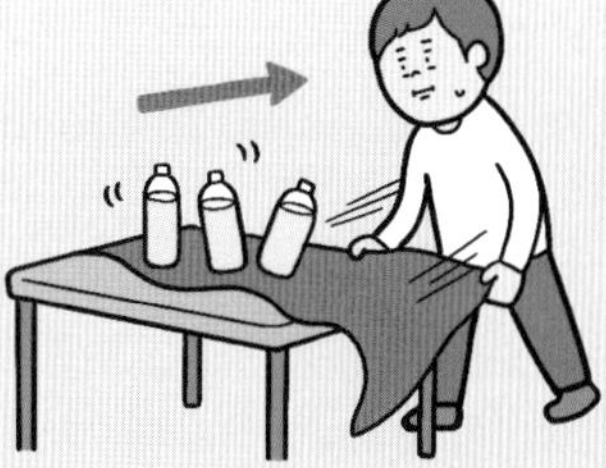

電気《でんき》はどうやって作《つく》っているの？

電気《でんき》を作《つく》るには、じしゃくと、金《きん》ぞくの線《せん》を何《なん》じゅうにもまいた「コイル」がひつようです。金《きん》ぞくの中《なか》にはたくさんの電気《でんき》のもとが入《はい》っています。金《きん》ぞくのコイルにじしゃくを近《ちか》づけたり遠《とお》ざけたりすると、コイルの中《なか》の電気《でんき》のもとがじしゃくの力《ちから》でうごきはじめます。そして、その電《でん》気《き》のもとのながれが電気《でんき》になるのです。

じてんしゃのライトも、このしくみではつでん

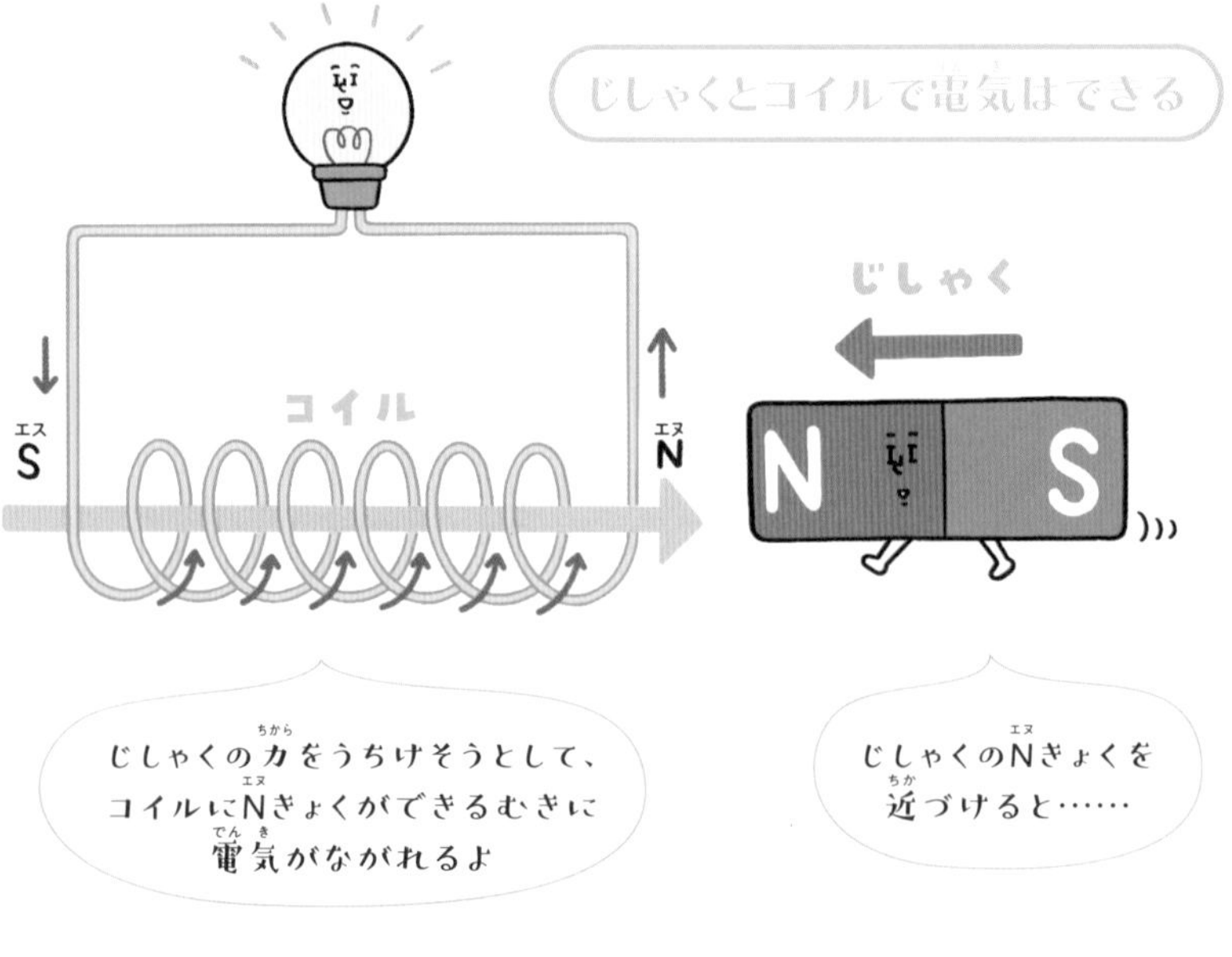
じしゃくとコイルで電気はできる
じしゃく
コイル
S《エス》
N《エヌ》
N
S
じしゃくの力《ちから》をうちけそうとして、コイルにN《エヌ》きょくができるむきに電気《でんき》がながれるよ
じしゃくのN《エヌ》きょくを近《ちか》づけると……

料金受取人払郵便

豊島局承認

4466

差出有効期間
2025年9月30日まで
(切手不要)

郵便はがき

170-8789

104

東京都豊島区東池袋3-1-1
サンシャイン60内郵便局
私書箱1116号

株式会社 高橋書店
書籍編集部 ⑳ 行

※ご記入いただいた個人情報は適正に管理いたします。取扱いについての詳細は弊社のプライバシーステイトメント(https://www.takahashishoten.co.jp/privacy/)をご覧ください。ご回答いただきましたアンケート結果については、今後の出版物の企画等の参考にさせていただきます。なお、以下の項目は任意でご記入ください。

お名前	年齢:　　　歳 性別:　男　・　女
ご住所　〒　　－	
電話番号 －　　－	Eメールアドレス
ご職業 ①学生　②会社員　③公務員　④教育関係　⑤専門職 ⑥自営業　⑦主婦・主夫　⑧無職　⑨その他(　　　)	

裏面のご感想やご意見を匿名で、本の紹介や広告等に使用してもよろしいですか？ □はい □いいえ
今後の企画検討時に、アンケート等でご協力いただけますか？ □はい □いいえ

弊社発刊の書籍をお買い上げいただき誠にありがとうございます。皆様のご意見を参考に、よりよい企画を検討してまいりますので、下記にご記入のうえ、お送りくださいますようお願い申し上げます。

ご購入書籍
□ **たのしい！ かがくのおはなし1年生**
□ **たのしい！ 科学のおはなし2年生**

A この本をお読みになった方の性別と年齢をお教えください

男 · 女　　（　　　　　）才

B 本書を購入されたいちばんの決め手は何ですか

1 科学の本を探していた　2 勉強に役立ちそう　3 このシリーズを気に入って
4 お子様が気に入って　5 その他（　　　　　　　　　　　　　　）

C 本書でもっともおもしろかったページとその理由をお教えください

（　　　ページ　：理由　　　　　　　　　　　　　　）

D 本書でもっともつまらなかったページとその理由をお教えください

（　　　ページ　：理由　　　　　　　　　　　　　　）

E お子様が好きなテーマや気になるテーマは何ですか（複数回答可）

物語　冒険·ミステリー　魔法·ファンタジー　歴史　科学　生活
工作　料理　お金·政治経済　英語　プログラミング　言葉·故事成語
その他（　　　　　　　　　　　　　　）

F これからどんな本を読んでみたいですか。よかったらお教えください

（　　　　　　　　　　　　　　　　　　）

G 最近、購入してよかった本がありましたらお教えください

（書名:　　　　　　　　発行元:　　　　　）
（書名:　　　　　　　　発行元:　　　　　）
（書名:　　　　　　　　発行元:　　　　　）

本書についてのお気づきの点、ご感想などをお聞かせください

ご協力ありがとうございました。

しています。タイヤのかいてんにあわせて、じしゃくをうごかして電気《でんき》を作《つく》り、作《つく》った電気《でんき》でライトをつけているのです。

はつでんしょでは、タービンという大《おお》きなはね車《ぐるま》を回《まわ》すことで、じしゃくをうごかします。タービンを回《まわ》すには、とても大《おお》きな力《ちから》がいります。

火力《かりょく》はつでんしょでは、せきたんをもやしたねつで水《みず》をわかしてじょうきを作《つく》り、じょうきのいきおいでタービンを回《まわ》して電気《でんき》を作《つく》っています。

水力《すいりょく》はつでんしょでは、ながれおちる水《みず》の力《ちから》で、風力《ふうりょく》はつでんしょでは、風車《ふうしゃ》を回《まわ》す風《かぜ》の力《ちから》で、タービンを回《まわ》して電気《でんき》を作《つく》っています。

はつでんしょは、いろいろな力でタービンを回して電気を作る

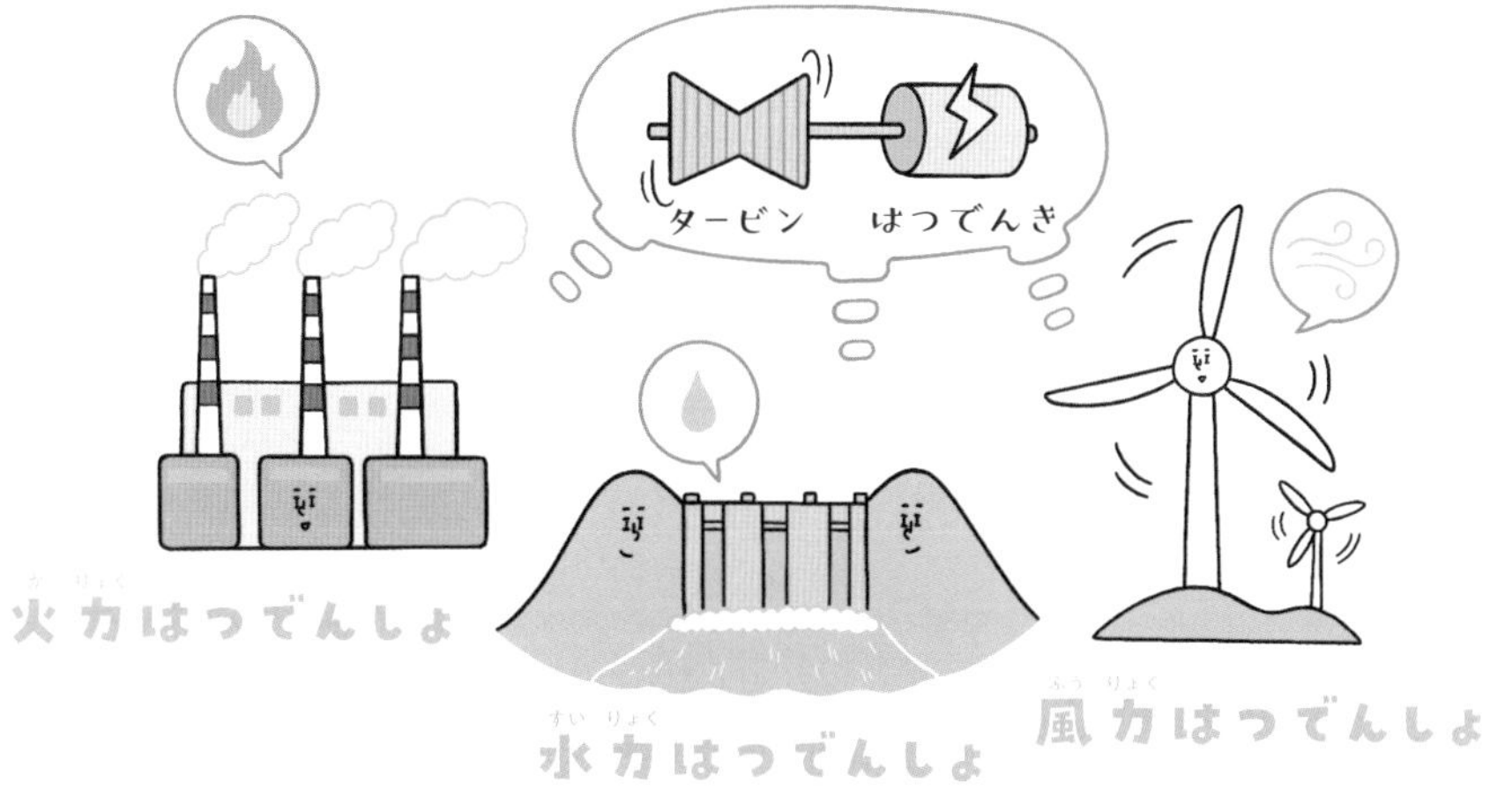

電《でん》気《き》のとりだし方《かた》を はっけんしたぞ！

電気《でんき》について、あらゆるけんきゅうをしたのが
マイケル・ファラデーという科学者《かがくしゃ》です。
ファラデーの生《お》い立《た》ちと、はつめいひんを見《み》てみましょう。

電気《でんき》の父《ちち》 マイケル・ファラデー ものがたり

1791~1867年《ねん》　イギリス生《う》まれ
まずしい家《いえ》に生《う》まれ、あまり学校《がっこう》に
行《い》けませんでした。

電《でん》気《き》のながれが、じしゃくの力《ちから》を生《う》み出《だ》している！

ファラデーは、本《ほん》をたくさん読《よ》んでべんきょうし、科学《かがく》が大《だい》すきになりました。科学者《かがくしゃ》のじょ手《しゅ》にしてもらうと、電《でん》気《き》でじしゃくの力《ちから》が生《う》まれることにきょうみをもちました。

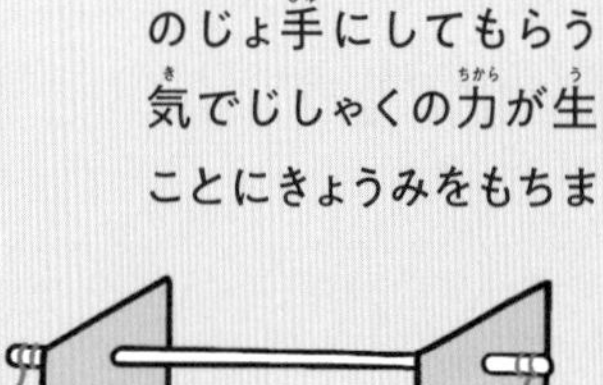

ファラデーのはつめいひん

ファラデーはじしゃくの力《ちから》で電気《でんき》がつくれることをはっけん。電気《でんき》とじしゃくをつかったはつめいひんには、モーターのもとになるそうちや、じしゃくをつかって電気《でんき》を生《う》み出《だ》す、さいしょのはつでんきがあります。

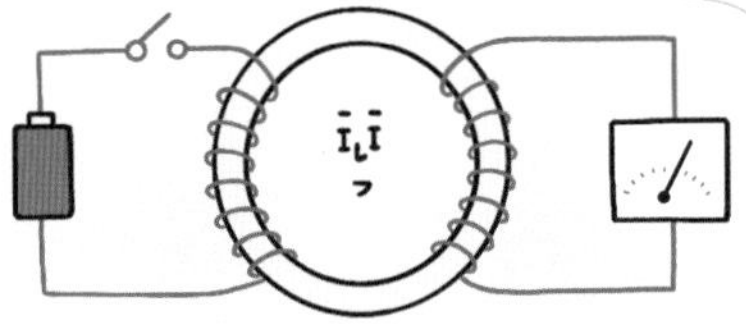
ファラデーのでんじゆうどうのほうそくをみちびき出《だ》したじっけんそうち

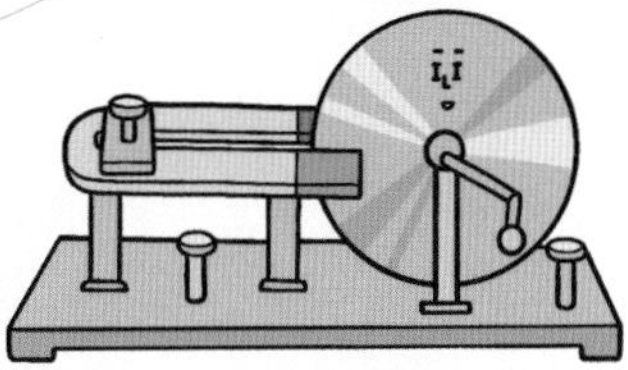
電気《でんき》をつづけて作《つく》るはつでんそうち

「でんじゆうどうのほうそく」をはっけん！

ぐるぐるまいたはり金《がね》の近《ちか》くでじしゃくをうごかすと電気《でんき》がながれるというほうそくをはっけん！　みんなに科学《かがく》の楽《たの》しさもつたえ、人気《にんき》の科学者《かがくしゃ》になりました。

電気《でんき》を生《う》み出《だ》すけんきゅうをはじめる

電気《でんき》とじしゃくについて、たくさんのけんきゅうとはつめいをしました。そのうち、「電気《でんき》でじしゃくの力《ちから》が生《う》まれるなら、じしゃくの力《ちから》で電気《でんき》を作《つく》れないだろうか？」と、考《かんが》えはじめます。

くらしのおはなし

スーパーマーケットのたまごからヒヨコは生《う》まれないの？

ざんねんながら、スーパーマーケットで買《か》ったたまごをあたためても、ヒヨコは生《う》まれません。ニワトリのたまごには2しゅるいあります。スーパーマーケットで売《う》られているたまごのほとんどは、「むせいらん」です。「むせいらん」はメスだけでうんだたまごで、そのたまごからヒヨコが生《う》まれることはありません。ニワトリはメスだけでもたまごをうめるのです。

「むせいらん」になるには

メスだけでうむと、むせいらんになるよ！
ヒヨコは生《う》まれないよ

それにたいして、オスとメスをいっしょにかい、うまれるたまごは「ゆうせいらん」になります。ゆうせいらんを20日間《はつかかん》ほどあたためつづけると、ヒヨコをかえすことができます。

ヒヨコになる力《ちから》があるゆうせいらんは、むせいらんよりも、えいようがありそうですよね。でもしらべてみると、ゆうせいらんも、むせいらんも、えいようとあじにかわりはないようです。

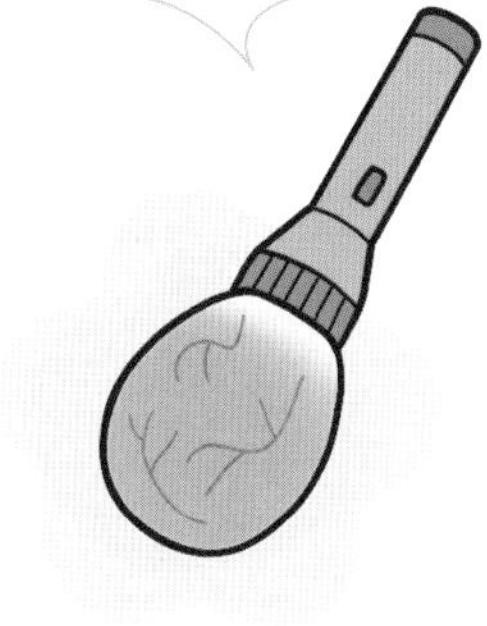
ゆうせいらんかどうかは、
たまごをあたためて
10日《か》目《め》くらいに、くらい
ところで光《ひかり》を当《あ》てると
わかるよ！

「ゆうせいらん」になるには

オスとメスを
いっしょにかうと
「ゆうせいらん」になるよ！
ヒヨコが
生《う》まれるかも!?

これがホントの大《おお》きさ！たまごくらべ

ほかのどうぶつのたまごは、どれくらいの大《おお》きさなのでしょうか？
下《した》の絵《え》は、じっさいの大《おお》きさに近《ちか》いサイズでかかれています。

ハチドリのなかまのたまご
やく１センチメートル
１円《えん》玉《だま》よりもかるい！
イリエワニのたまご
やく８センチメートル
１どに40〜50こものたまごをうみます。
ニワトリのたまご
やく６センチメートル
赤《あか》いたまごも白《しろ》いたまごも、あじとえいようは同《おな》じです。

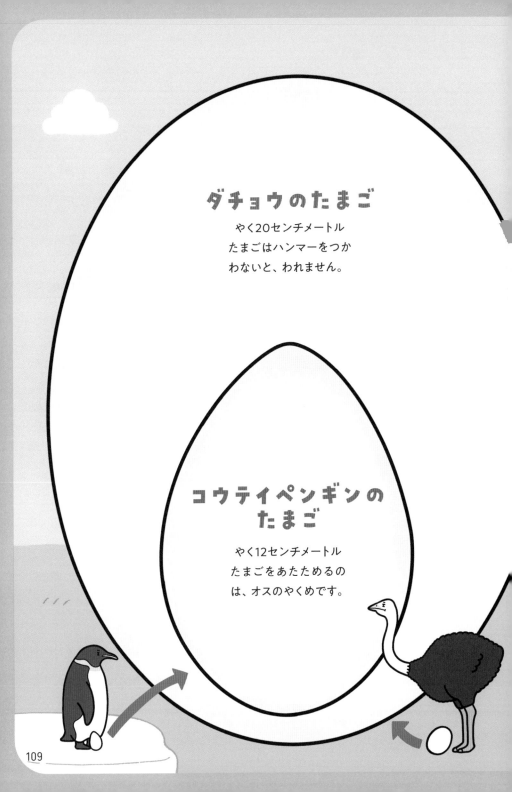

ダチョウのたまご

やく20センチメートル
たまごはハンマーをつか
わないと、われません。

コウテイペンギンのたまご

やく12センチメートル
たまごをあたためるの
は、オスのやくめです。

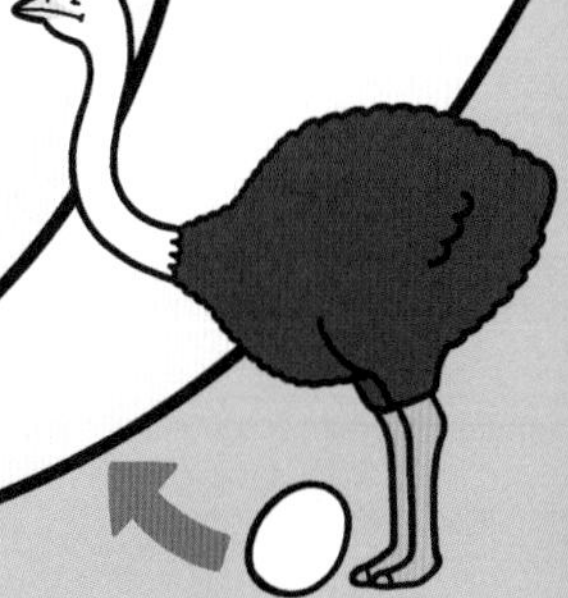

くらしのおはなし

プラスチックはどうやって作《つく》るの？

わたしたちのまわりにあるプラスチックのほとんどは、せきゆから作《つく》られています。せきゆから作《つく》ったざいりょうに、色《いろ》やかたさなどをつくりたいものに合《あ》わせたくすりが、まぜられます。そして、せいひんの形《かたち》にととのえられて、プラスチックのかんせいです。

　プラスチックはべんりなざいりょうですが、しぜんの中《なか》にすてられると、いつまでものこってし

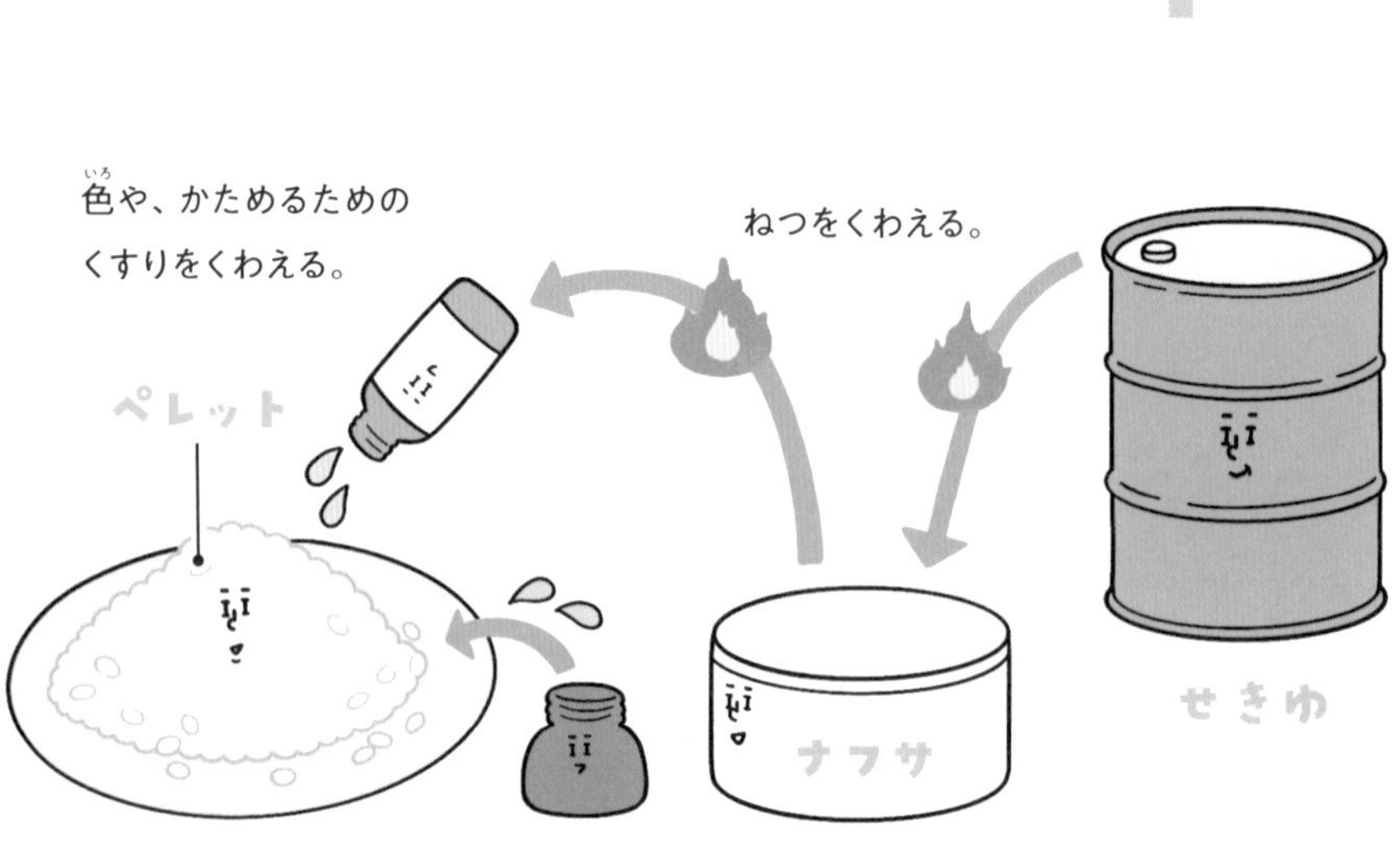
色《いろ》や、かためるためのくすりをくわえる。
ねつをくわえる。
ペレット
ナフサ
せきゆ

まいます。すてられたストローやレジぶくろで、海《うみ》や川《かわ》がよごれ、せかいじゅうで、もんだいになっています。

　このため、しぜんの中《なか》でぶんかいされてのこらないプラスチックや、せきゆのかわりに、トウモロコシやジャガイモ、サトウキビなどから作《つく》るプラスチックなどが、かいはつされています。

はっぽう
スチロール

アクリルスタンド

ラップ
ラップ
プラスチック
せいひんに!
ポリぶくろ
CDケース
フタやラベルも
プラスチック
ペットボトル
べんとうのようき
こんぽうざい

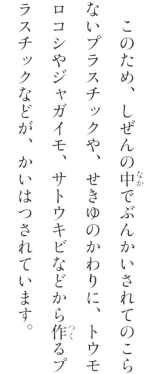

かんきょうにやさしい！しぜんにかえるプラスチック

もやせないプラスチックは、しぜんの中《なか》にいつまでものこります。
うっかり生《い》きものが口《くち》に入《い》れて、
しんでしまうもんだいもおこっています。

プラスチックごみが海《うみ》にたどりつくと

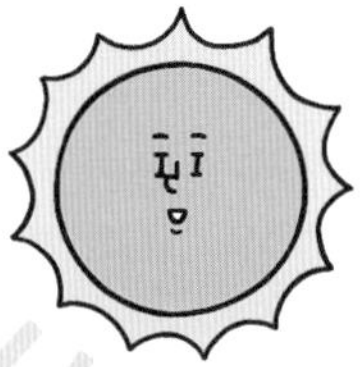

すてられたプラスチックは、しがいせんでもろくなって小《ちい》さくなります。いずれ海《うみ》にたどりつき、海《うみ》の生《い》きものが口《くち》に入《い》れてしまいます。

海《うみ》の生《い》きものの体《からだ》の中《なか》にプラスチックが入《はい》りこむと、それを食《た》べた人《ひと》の体《からだ》にも、目《め》に見《み》えないほど細《こま》かくなったプラスチックがたまっていくことになります。人間《にんげん》にとっても大《だい》もんだいなのです。

びせいぶつにぶんかいされるプラスチック

近年《きんねん》、ちきゅうのかんきょうや海《うみ》の生《い》きもの、人《ひと》の体《からだ》へのえいきょうを考《かんが》えて、さいごはしぜんの中《なか》にかえるような、かんきょうにやさしいプラスチックが作《つく》られるようになりました。

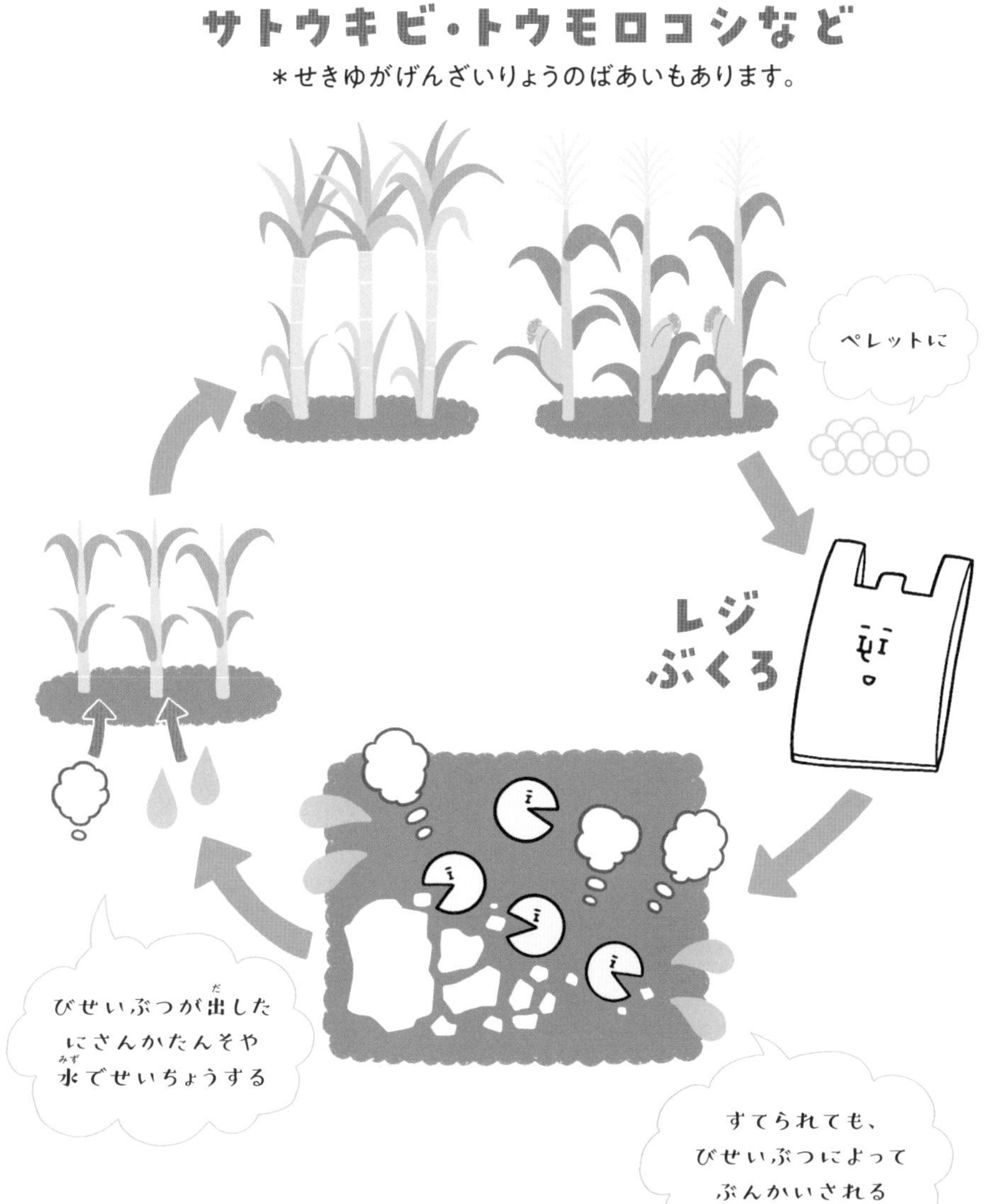

サトウキビ・トウモロコシなど
＊せきゆがげんざいりょうのばあいもあります。
ペレットに
レジぶくろ
すてられても、びせいぶつによってぶんかいされる
びせいぶつが出《だ》したにさんかたんそや水《みず》でせいちょうする

くらしのおはなし

カビの生《は》えたパンはカビをとって食《た》べたらへいき？

パンやまんじゅう、パウンドケーキ、お正月《しょうがつ》のかがみもち……。うっかりほうっておくと、青《あお》やみどりのカビが生《は》えてきます。

カビがほんのちょっとしか生《は》えていなくても、その食《た》べものは、もう食《た》べられません。

目《め》に見《み》えてカビが生《は》えているとわかるとき、食《た》べものの中《なか》にはすでに、カビの「きん糸《し》」という糸《いと》がたくさんはりめぐらされてしまってい

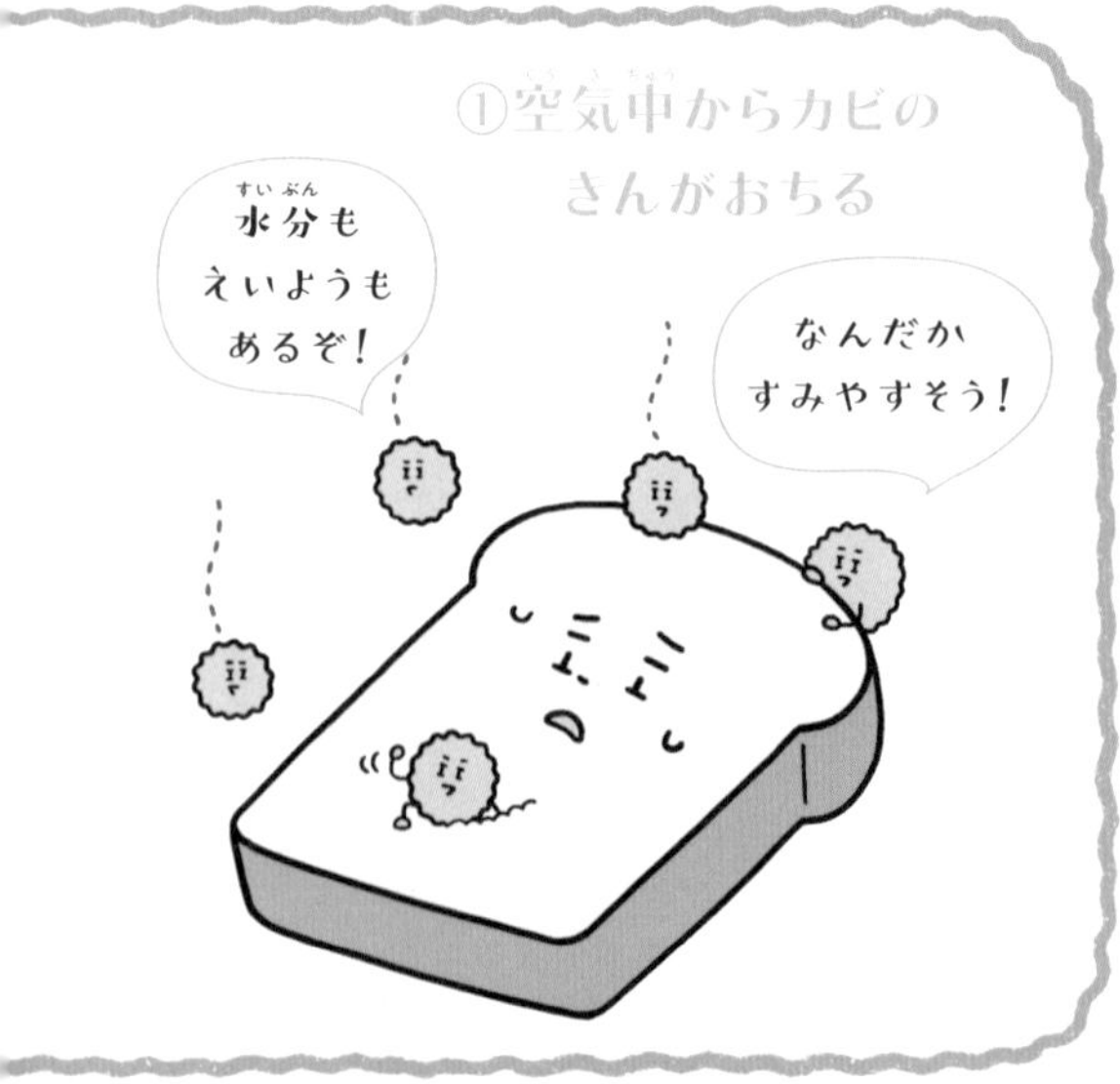
①空気中からカビのさんがおちる
水分《すいぶん》もえいようもあるぞ！
なんだかすみやすそう！

ます。きん糸《し》は目《め》には見《み》えません。カビにはどくをつくるしゅるいもあるので、見《み》えるぶぶんのカビだけをとりのぞいても、食《た》べるのはきけんなのです。

でも、食《た》べられるカビをつかうチーズは、べつです。ブルーチーズやカマンベールチーズは、カビをりようして、あじや歯《は》ごたえを作《つく》っています。これらのチーズは、おいしく食《た》べることができます。

ちょっとでも
カビが生《は》えたら
食《た》べるのはやめよう！
こわ〜〜

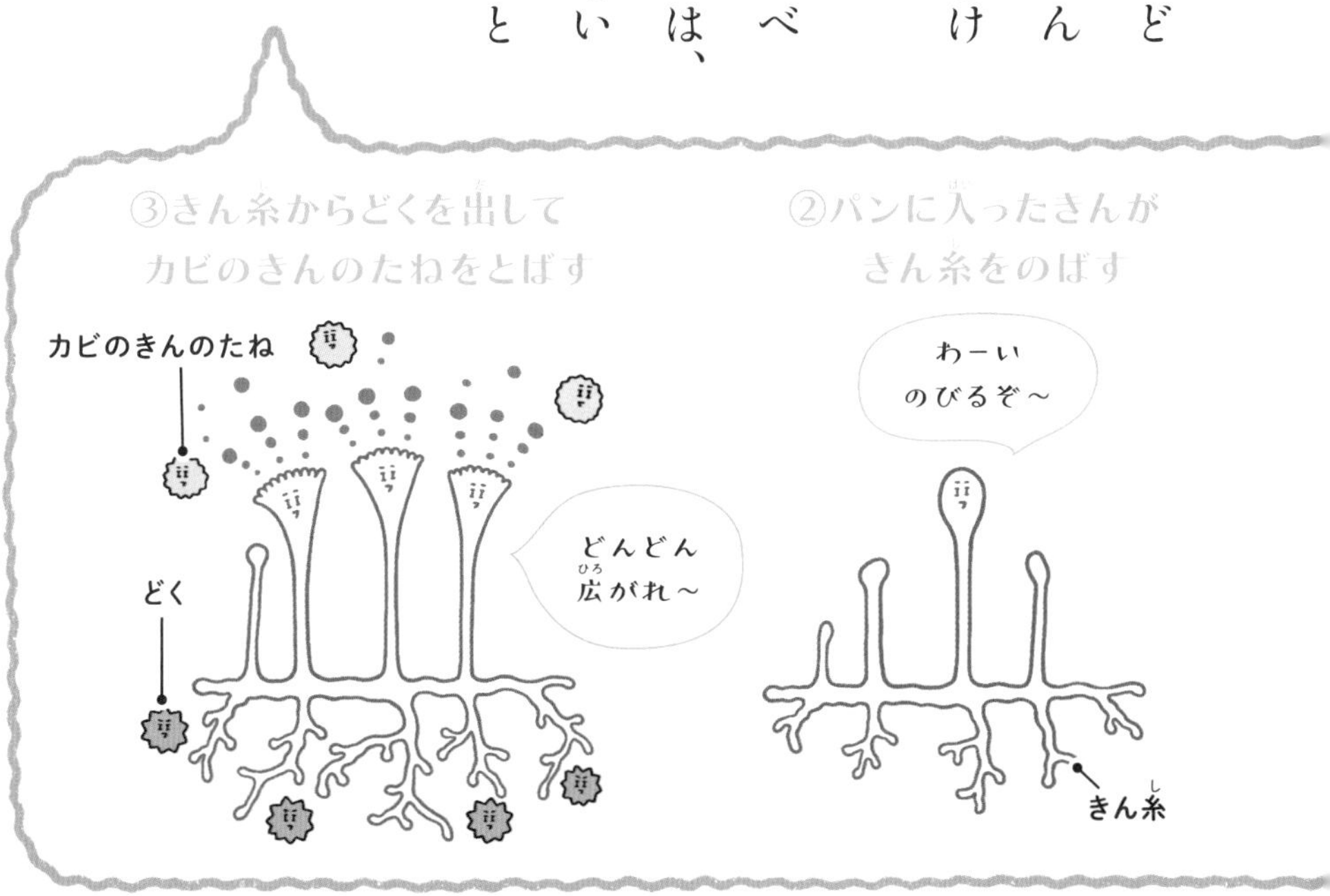
②パンに入《はい》ったきんが
きん糸《し》をのばす
わーい
のびるぞ〜
きん糸《し》
③きん糸《し》からどくを出《だ》して
カビのきんのたねをとばす
カビのきんのたね
どんどん
広《ひろ》がれ〜
どく

カビが生《は》えるじょうけんは？

いちど生《は》えるとやっかいなカビ。とくに生《は》えやすいのはどんなときか、おぼえてみましょう。

えいようがたくさんあるところ

ほこりやあか、食《た》べかすなどのよごれはカビの大《だい》こうぶつ。へやがよごれていると、カビが生《は》えてくるかもしれません。

大《だい》こうぶつ！
ホコリ
人《ひと》のあか
食《た》べかす

ちょうどよい おんど

人間《にんげん》にとってちょうどよい20〜30どは、カビにとってもかいてきです。でも、おんどがひくいところでもひっそりと生《い》きています。

あったか〜い

れいぞうこにも
カビはいるから、
気《き》をつけて！

高《たか》いしつど

しつどが高《たか》くて、じめじめしたところが大《だい》すき。おふろやキッチンの水《みず》まわりなど水《すい》てきがあるところに、カビは生《は》えてきます。

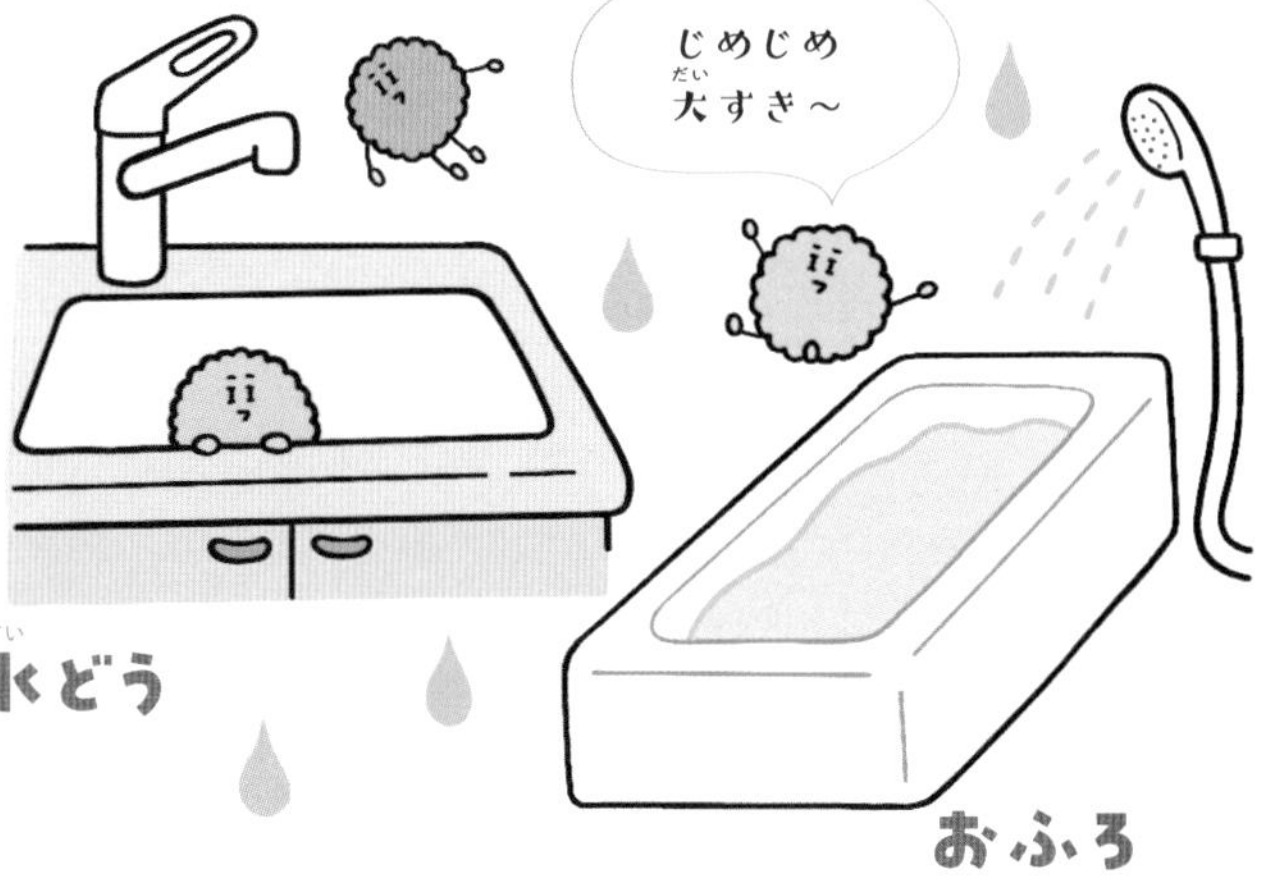
じめじめ
大《だい》すき～
水《すい》どう
おふろ

こんなところにも!? カビはっせい

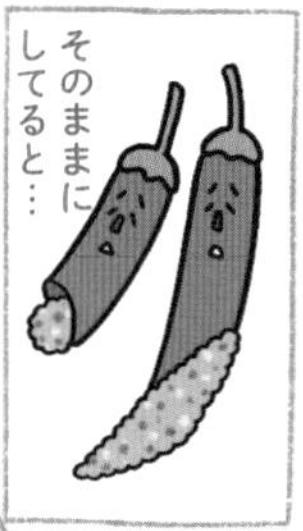
そのままにしてると…

とうがらし

かんそうしたとうがらしでも、しつどが高《たか》いとカビが生《は》えることがある。

おきっぱなしだと…

うめぼし

塩分《えんぶん》がすくないと、カビが生《は》えることがある。

とくに
つゆのきせつや
夏《なつ》に生《は》えやすいよ。
ほら、きみの
近《ちか》くにも…

えいようあるから…

ウーロン茶《ちゃ》

ペットボトルなどをあけたあと、ひやさないとカビが生《は》える。

の　おはなし

のりもの、トイレ、電《でん》子《し》レンジ。
わたしたちは、まいにち、たくさんの
きかいをつかっています。
どんなひみつがあるでしょうか？

きかい

きかいのおはなし

車《くるま》はなぜ走《はし》れるの？

車《くるま》はタイヤが回《まわ》ることで走《はし》ります。そして、タイヤを回《まわ》すために、はたらいているのが、エンジンです。

車《くるま》が走《はし》っているとき、エンジンの中《なか》では、どんなことがおこっているのでしょう。

ガソリン車《しゃ》のエンジンでは、まずガソリンと空気《くうき》をまぜあわせ、せまいところにとじこめます。つぎに、ガソリンと空気《くうき》をぎゅっと

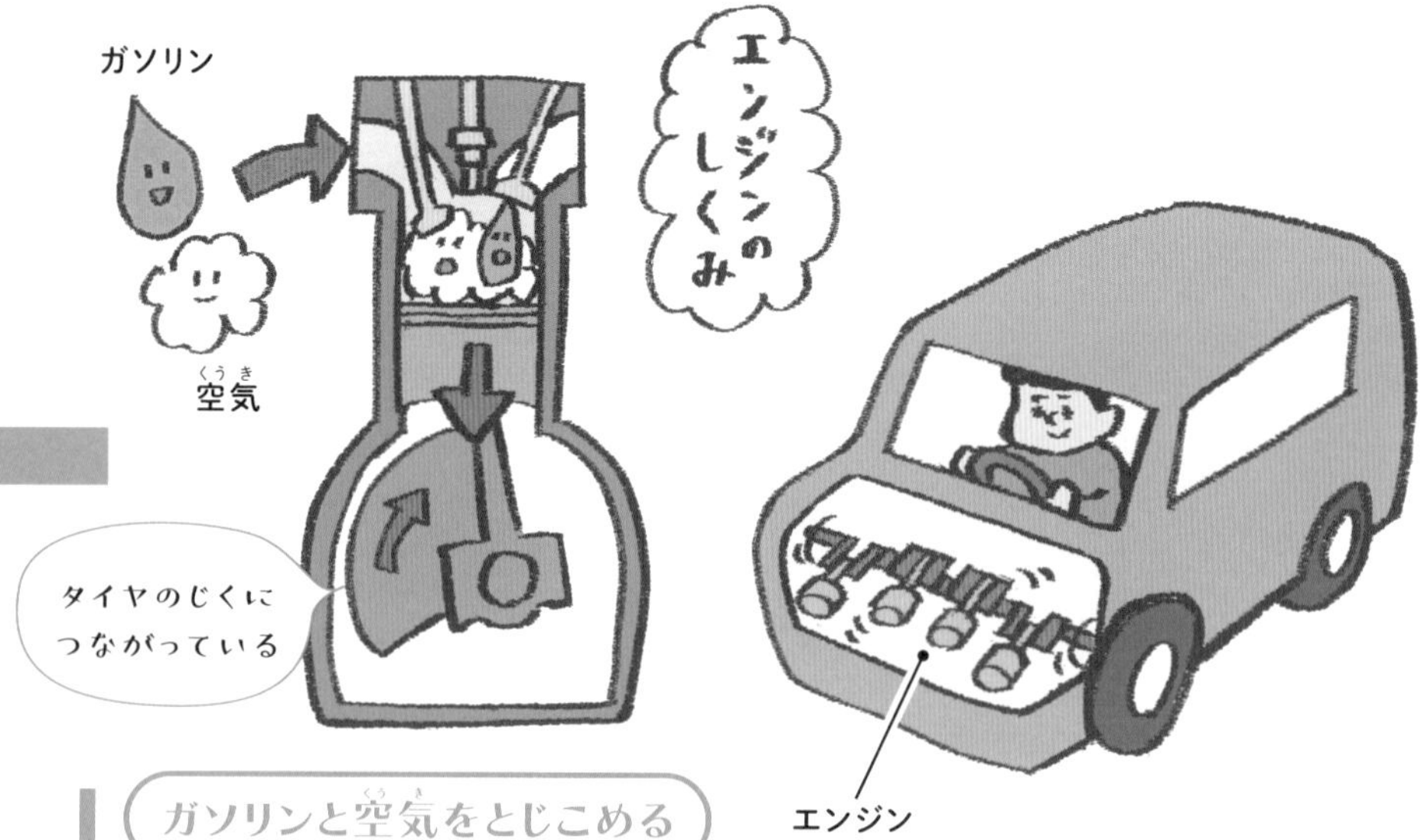

ガソリンと空《くう》気《き》をとじこめる

おしちぢめます。そこへ、小《ちい》さな火《ひ》をつけるとばくはつし、ガソリンと空《くう》気《き》はせまいところから広《ひろ》がろうとします。

そのときに生《う》まれる大《おお》きな力《ちから》が、タイヤのじくを回《まわ》す力《ちから》となります。これをなんどもくりかえしながら、車《くるま》は走《はし》るのです。

ガソリンと空《くう》気《き》がばくはつしたときに、空《くう》気《き》をよごすはいきガスが出《だ》されます。そこで、ガソリンをへらすことで、はいきガスをへらすハイブリッド車《しゃ》や、はいきガスのまったく出《で》ない、電《でん》気《き》じどう車《しゃ》などが、かいはつされています。

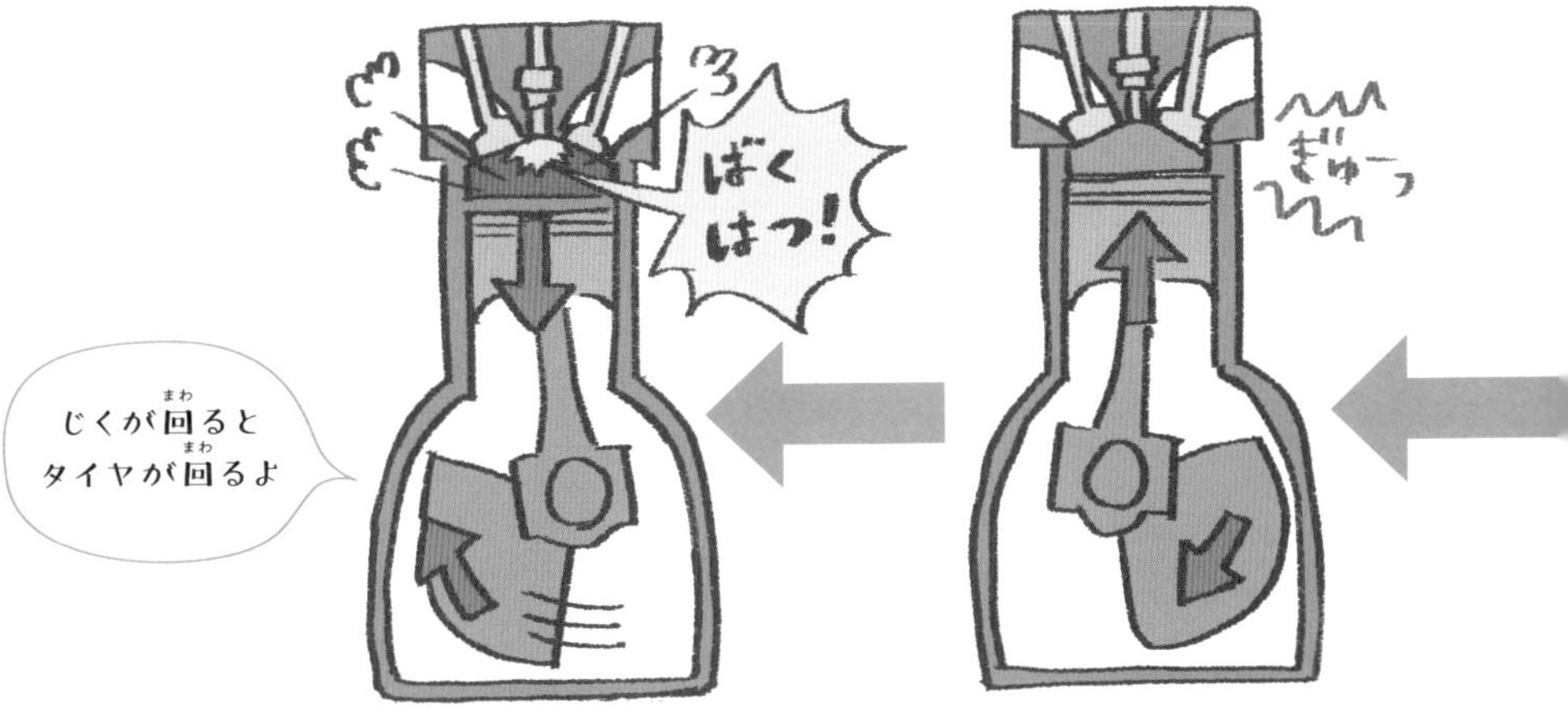

2 おしちぢめる

3 ばくはつさせてタイヤのじくを回《まわ》す

知《し》ってびっくり！ガソリンスタンド

車《くるま》のガソリンをほきゅうするのが、ガソリンスタンドです。
ガソリンをためるしくみや、車《くるま》に入《い》れるしくみをしょうかいします。

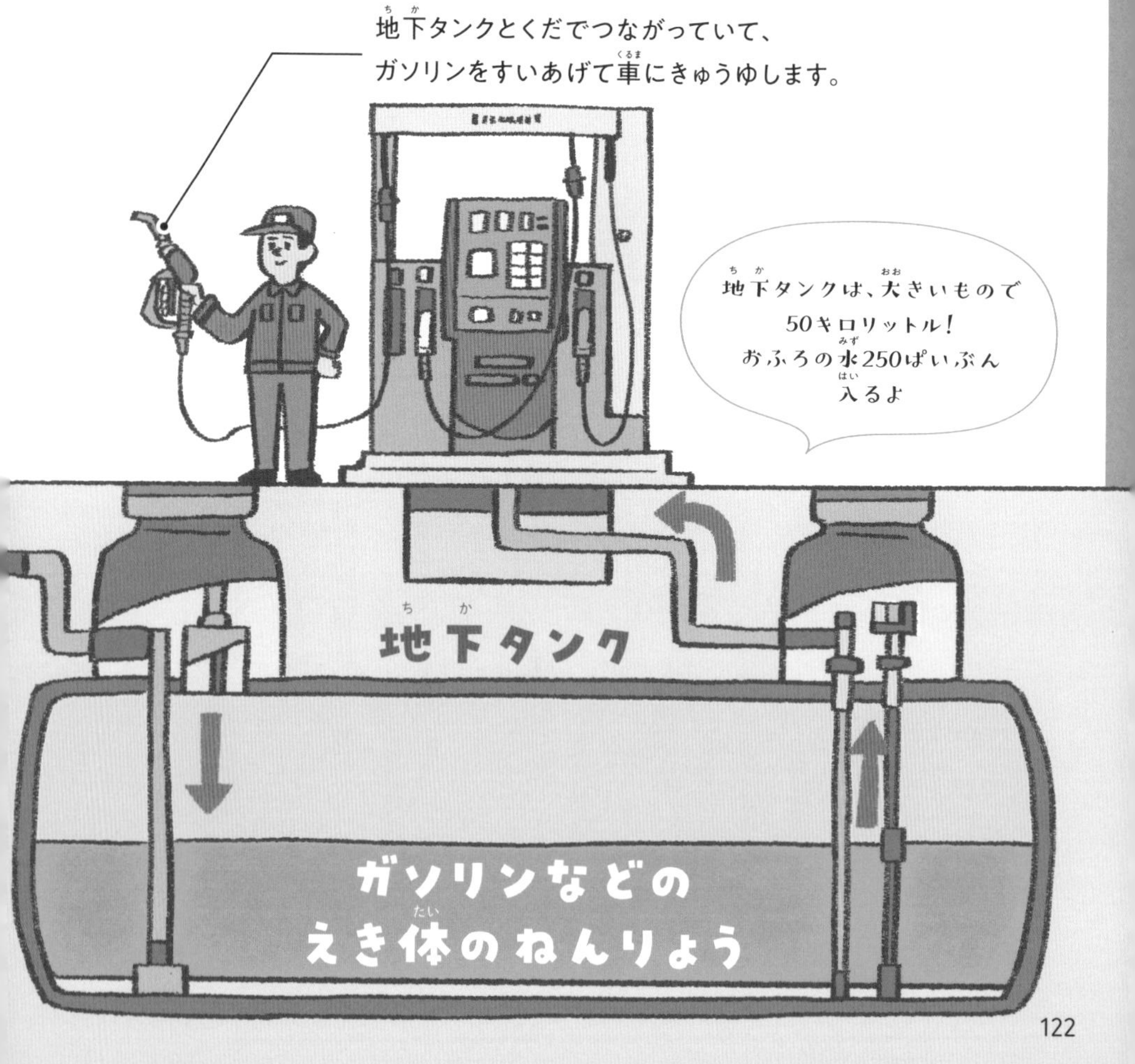

地《ち》下《か》タンクとくだでつながっていて、ガソリンをすいあげて車《くるま》にきゅうゆします。
地《ち》下《か》タンクは、大《おお》きいもので50キロリットル！おふろの水《みず》250ぱいぶん入《はい》るよ
地《ち》下《か》タンク
ガソリンなどのえき体《たい》のねんりょう

ここもすごい！ きゅうゆノズル

車《くるま》にガソリンを入《い》れているとき、ガソリンがあふれないためのしくみがあります。

ノズルくだ
くだの先《さき》に小《ちい》さなあながあり、ガソリンのえきめんがくるとセンサーにつたわる。

レバー
きゅうゆをはじめるときにひく。

センサー
えきめんをかんじとると、じどうできゅうゆを止《と》める。

タンクローリー

ちゅうゆ口《こう》

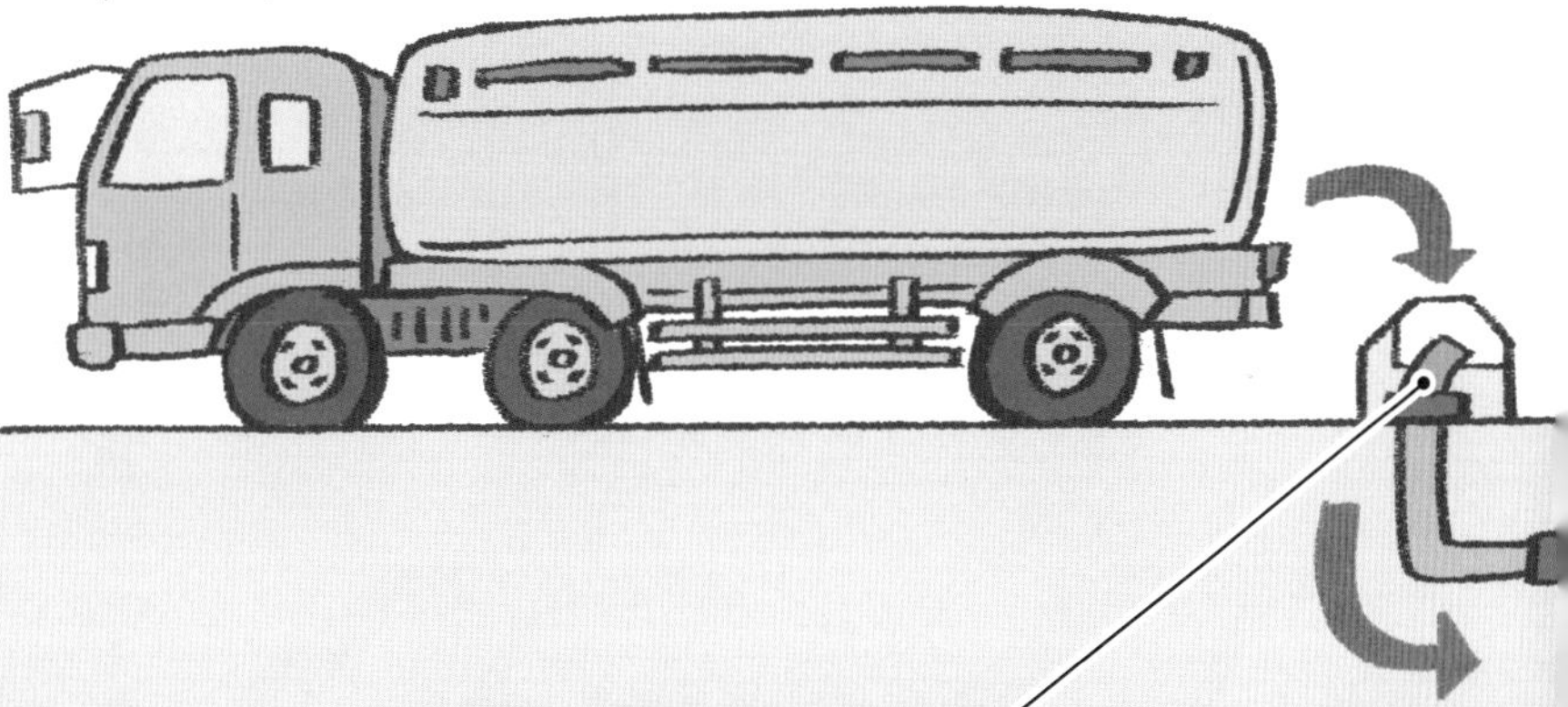

ガソリンは、タンクローリーではこばれてきて、ちゅうゆ口《こう》から地下《ちか》のタンクに入《い》れられます。

きかいのおはなし

ごみしゅうしゅう車《しゃ》の中《なか》に、ごみはどれくらい入《はい》る？

かていようのごみぶくろが、なんと1000こぶんも入《はい》ります。おもさでいうと、2000キログラムぶんもつみこめます。

1台《だい》の車《くるま》にそれほどたくさん入《はい》るりゆうは、ごみをぎゅうぎゅうにつめこんでいるからです。

ごみしゅうしゅう車《しゃ》には「プレスしき」と「かいてんばんしき」の2つのしゅるいがあります。

プレスしきは、いたでぎゅーっとごみをつぶすの

プレスしきのしくみ

ごみをおしつぶしてから…

車《くるま》の中《なか》におしこむ！

で、たくさんつむことができます。かいてんばんしきは、2まいのいたでごみをおくにおくりこみます。強《つよ》くおしつぶさないので、なかみが出《で》ずによごれにくいというよいところがあります。

プレスしきのごみしゅうしゅう車《しゃ》がごみをおしつぶす力《ちから》はとても強《つよ》いです。その力《ちから》は、テーブルなどのそだいごみを、ばりばりとつぶすことができるほどです。

人《ひと》がまきこまれるとあぶないので、ごみを入《い》れているときに、ごみしゅうしゅう車《しゃ》に近《ちか》づかないようにしましょう。

かいてんばんしきのしくみ

2まい目《め》のいたでおくにおしこむ！

1まい目《め》のいたでごみをすくって…

もえるごみじゃない リチウムイオン電池《でんち》

みぢかにあるきかいには、リチウムイオン電池《でんち》という電池《でんち》がつかわれていることが多《おお》いです。

でも、すてるときにはちゅういがひつようです。

リチウムイオン電池《でんち》がつかわれているもの

モバイルバッテリー

ゲームなど

電動《でんどう》ハブラシ

ハンディファン

ノートパソコン・タブレット

デジタルカメラ

リチウムイオン電池《でんち》は火《ひ》が出《で》ることがある

リチウムイオン電池《でんち》の中《なか》では、プラス(+)きょくとマイナス(−)きょくが「セパレータ」によってふれないようになっています。セパレータは電気《でんき》を通《とお》さないまくです。しかし、強《つよ》い力《ちから》がくわわってプラスきょくとマイナスきょくがちょくせつふれあうと、火《ひ》やけむりが出《で》てしまいます。

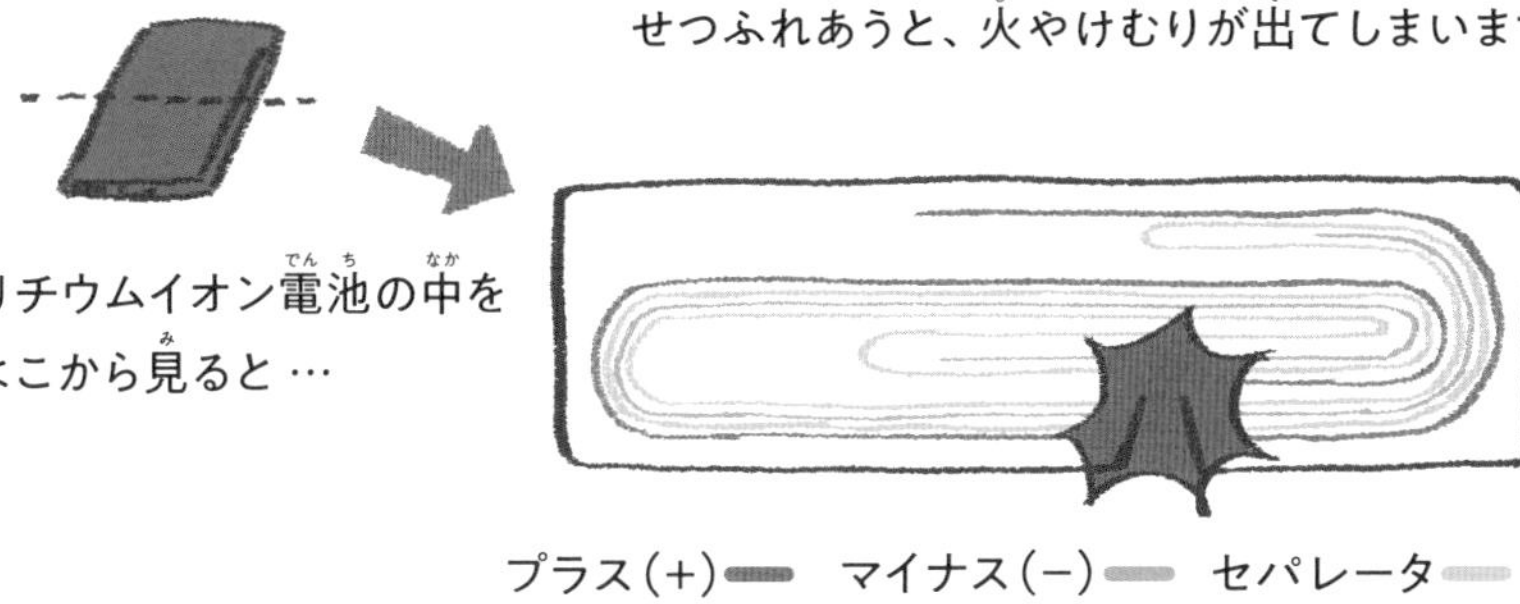

プラス(+)
マイナス(−)
セパレータ

リチウムイオン電池《でんち》の中《なか》をよこから見《み》ると …

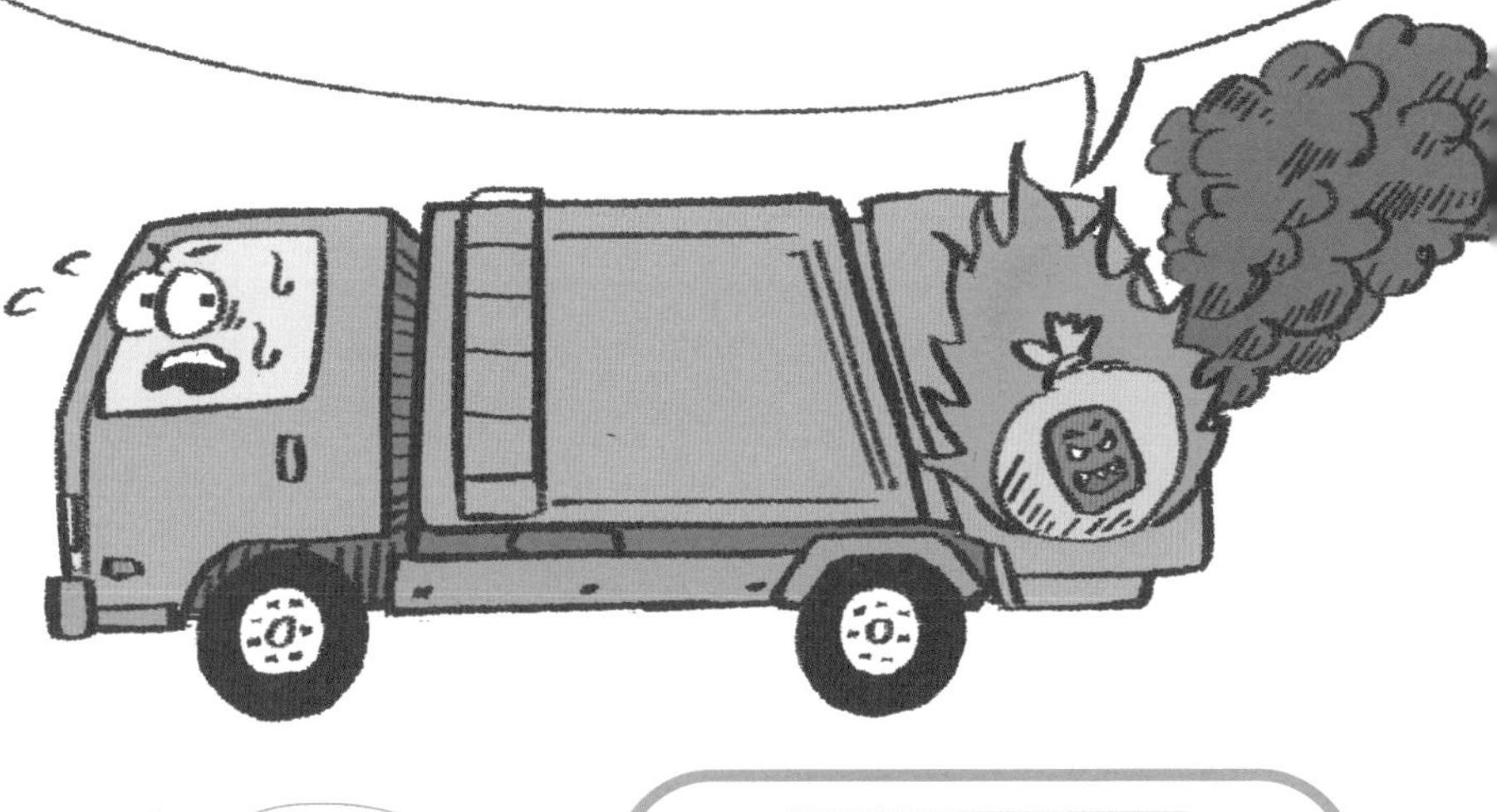

こわい!
ごみはしっかり
分《ぶん》べつして
すてよう!

ほかにもちゅうい

リチウムイオン電池《でんち》のほかにもスプレーかんや花火《はなび》、マッチ、つかいすてライターなど、火《ひ》が出《で》るきけんがあるごみがあります。

きかいのおはなし

けいたい電話《でんわ》で話《はな》せるのはなぜ？

けいたい電話《でんわ》をつかうと、遠《とお》くはなれた人《ひと》とも話《はなし》ができます。電話《でんわ》どうしはつながっていないのに、なぜ声《こえ》がとどくのでしょう。

それは、空気中《くうきちゅう》をつたわる「電波《でんぱ》」という電気《でんき》のなみをつかっているからです。電波《でんぱ》をつかえば、音《おと》や絵《え》などを目《め》に見《み》えない電気《でんき》のしんごうにかえておくることができます。

けいたい電話《でんわ》では声《こえ》のじょうほうが電波《でんぱ》に

コントロールきょく
③コントロールきょくに、お母《かあ》さんのけいたい電話《でんわ》のばしょを聞《き》いて教《おし》えてもらう
②電波《でんぱ》を電気《でんき》しんごうにかえて、近《ちか》くの交《こう》かんきょくへ
交
①声《こえ》のじょうほうを「電波《でんぱ》」にのせて近《ちか》くのきちきょくへ
交《こう》かんきょく
00えき
きちきょく
むかえに来《き》て！

のせられ、きちきょくで電気《でんき》しんごうにかわります。そして、交《こう》かんきょくなどを通《とお》って、遠《とお》くの人《ひと》のけいたい電話《でんわ》までとどけられます。

電波《でんぱ》のはやさは、光《ひかり》と同《おな》じくらい。1びょう間《かん》にちきゅうを7しゅう半《はん》もまわる、もうスピードですすみます。だから、せかいじゅうどこにいる人《ひと》とでも、目《め》の前《まえ》にいるように話《はなし》ができるのです。

音《おと》や絵《え》などをかんたんにおくれる電波《でんぱ》は、けいたい電話《でんわ》だけでなく、テレビやゲームなどいろいろなところでやくだてられています。

④お母《かあ》さんのけいたい電話《でんわ》に近《ちか》い交《こう》かんきょくへ、電気《でんき》しんごうをおくる
交《こう》かんきょく
交
⑤お母《かあ》さんのけいたい電話《でんわ》に近《ちか》いきちきょくへ、電気《でんき》しんごうをおくる
きちきょく
むかえに来《き》て!
⑥電気《でんき》しんごうをでんぱにかえて、お母《かあ》さんのけいたい電話《でんわ》へ

これ知《し》ってる？ けいたい電《でん》話《わ》の マーク

けいたい電《でん》話《わ》をよく見《み》ると、がめんに小《ち》さ《い》いマークがいくつもあります。それぞれ何《なん》のマークなのでしょう。

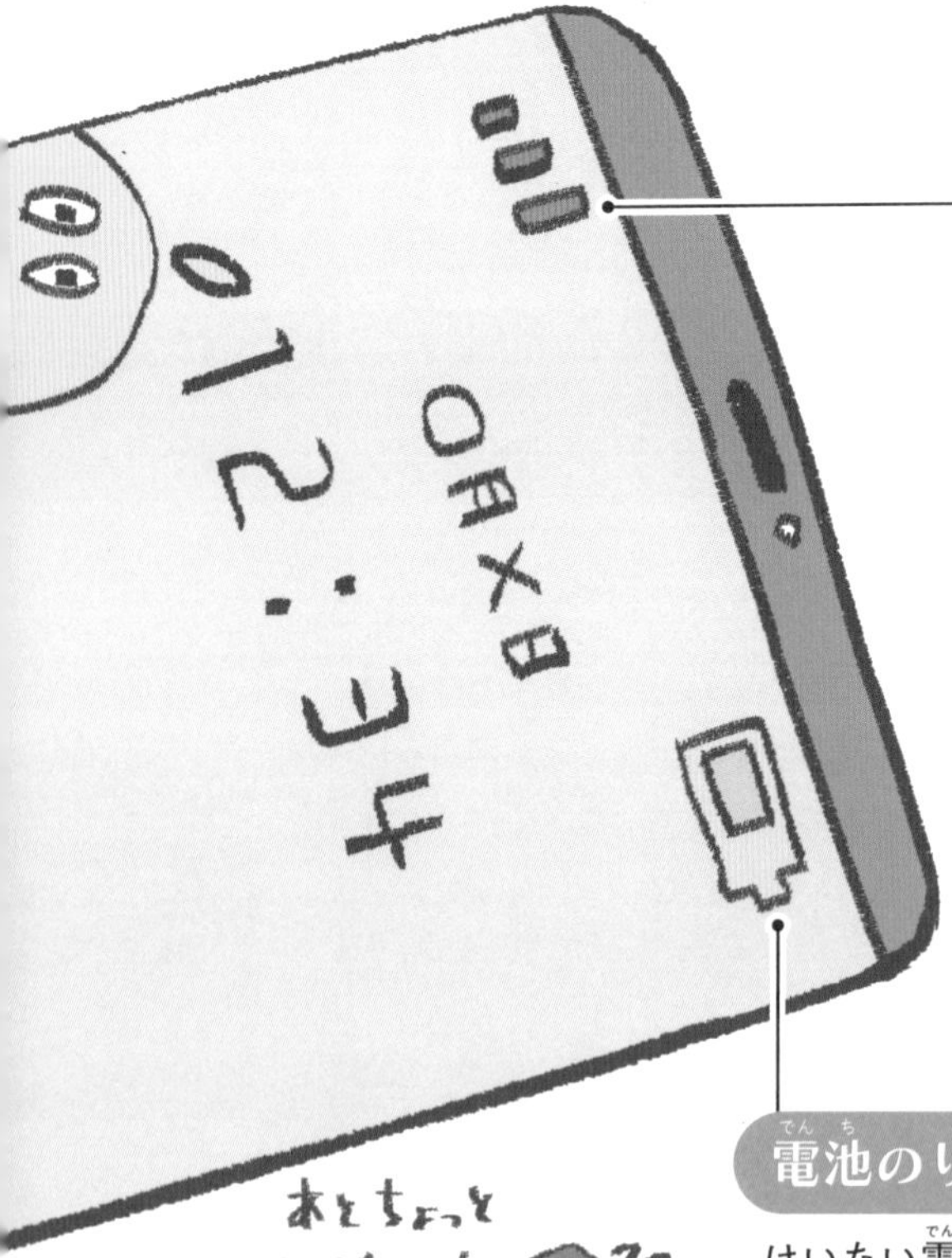

電《でん》波《ぱ》のつよさをしめすマーク

けいたい電《でん》話《わ》でじょうほうを見《み》たり聞《き》いたりできるのは、遠《とお》くのきちきょくと電《でん》波《ぱ》でつながっているから。電《でん》波《ぱ》が強《つよ》いほど、マークの線《せん》が多《おお》くなります。

電《でん》池《ち》のりょうをしめすマーク

けいたい電《でん》話《わ》には電《でん》池《ち》をためておけるので、家《いえ》の外《そと》へもち歩《ある》いてつかえます。電《でん》池《ち》がどれくらいのこっているかをしめすのがこのマークです。

機内《きない》モードのマーク

ブルートゥースやワイファイなどの電波《でんぱ》は、ひこうきのそうじゅうにかかわるため、ひこうきではそれらの電波《でんぱ》を切《き》ります。これを「機内《きない》モード」といいます。

ブルートゥースのマーク

けいたい電話《でんわ》と近《ちか》くのきかいを電波《でんぱ》でつなぐのが、ブルートゥースというぎじゅつ。青《あお》い歯《は》といういみです。「青《あお》い歯《は》の王《おう》」とよばれた王様《おうさま》が、2つの国《くに》をつないでひとつの国《くに》にしたことからこのよび名《な》になりました。

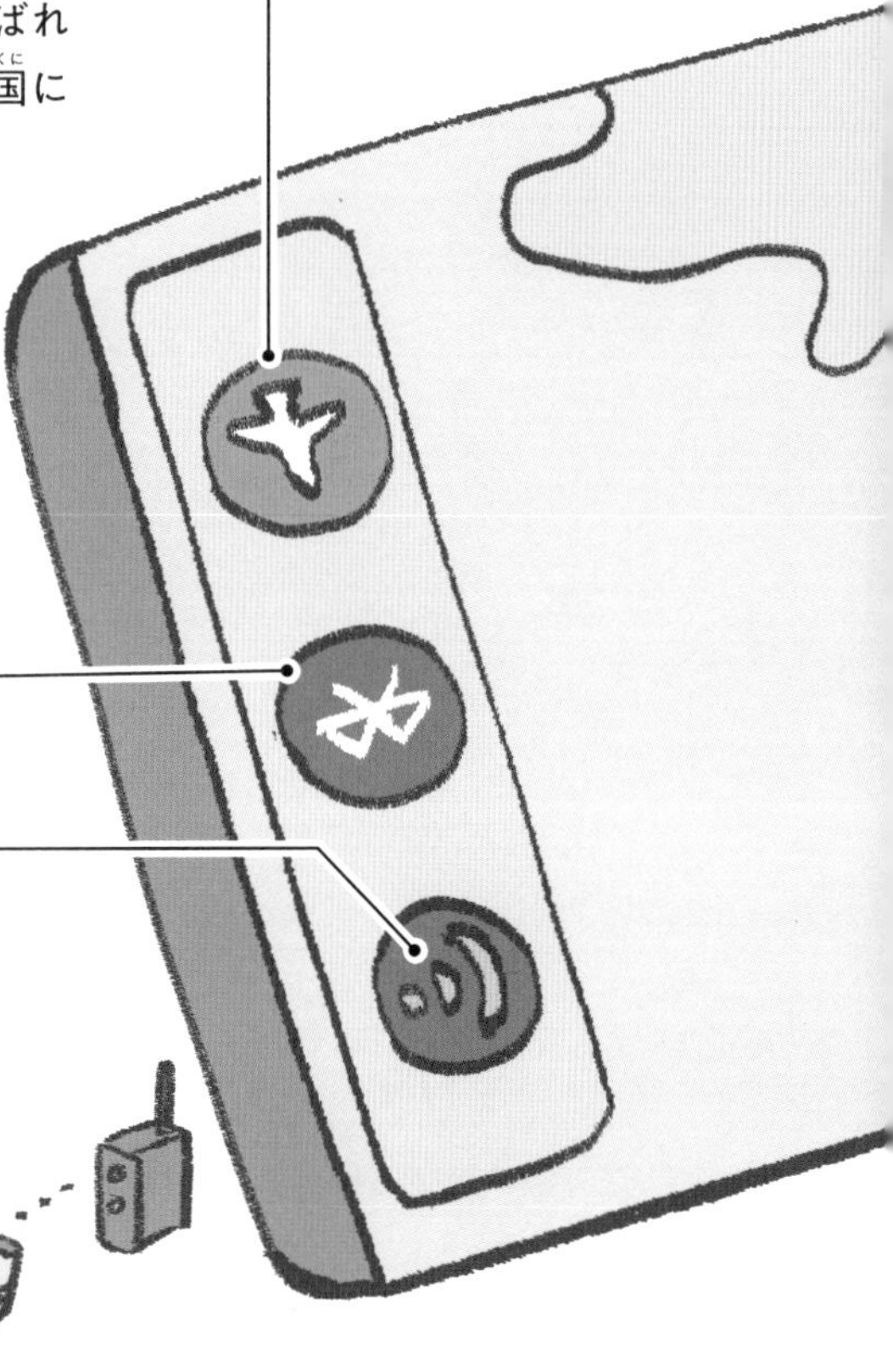

ワイファイのマーク

遠《とお》くのきちきょくからとどく電波《でんぱ》を、近《ちか》くのきかいがうけて、けいたい電《でん》話《わ》などにつなぐしくみをワイファイといいます。電波《でんぱ》を強《つよ》くうけとれているほど、マークの線《せん》が多《おお》くなります。

きかいのおはなし

立《た》ち上《あ》がると水《みず》がながれるトイレは、どういうしくみ？

人《ひと》が立《た》ったり、すわったりしたことをかんじる、センサーやスイッチがついているトイレがあります。

トイレのべんざにおもさがかかると、スイッチがおされ、人《ひと》がすわったとわかります。

すわった時間《じかん》がみじかいと、「おしっこ」だとはんだんして、トイレは少《すく》なめの水《みず》をながします。すわっている時間《じかん》が長《なが》いと、「うんち」だとはんだんして、多《おお》めの水《みず》をながします。

トイレに近《ちか》づくと、じどうでふたがあくのも、センサーの

ゴシゴシ

おかげです。たとえば、「赤外線《せきがいせん》」センサーならば、人《ひと》から出《で》ているねつをかんじて、人《ひと》が近《ちか》づいたことに気《き》づきます。「マイクロ波《は》」という、見《み》えないなみをつかったセンサーもあります。マイクロ波《は》を人《ひと》にぶつけることで、人《ひと》が近《ちか》づいたことをかんじとるしくみです。

センサーは、人《ひと》がはなれたことも気《き》づくので、ふたをじどうでしめることもできます。

人《ひと》が近《ちか》づいたことを
かんじるセンサーは
べんざのおくあたりにあるよ
ぱかーっ

すわると、
べんざのセンサーが
はんのうして、
時間《じかん》をはかるよ
じかんが 長《なが》いから うんち だね～

人《ひと》のうごきをかんじとるセンサーのしくみ

人《ひと》のうごきをかんじとるセンサーには
「赤外線《せきがいせん》」と「マイクロ波《は》」の2しゅるいがあります。
どちらも目《め》に見《み》えない、空気《くうき》をつたわるなみ「電波《でんぱ》」のなかまです。

赤外線《せきがいせん》

赤外線《せきがいせん》はねつをよくつたえるせいしつがある電波《でんぱ》です。じつは人間《にんげん》からも出《で》ています。「サーモグラフ」という赤外線《せきがいせん》カメラで人間《にんげん》をさつえいすると、くらいところでもはっきり見《み》えます。トイレでは黒《くろ》いまどに赤外線《せきがいせん》センサーがかくされていることが多《おお》いです。

「赤外線《せきがいせん》」という名前《なまえ》になったわけ

あるけんきゅうしゃが、人工《じんこう》てきににじを作《つく》って、それぞれの色《いろ》のおんどをはかりました。そのとき、赤《あか》の外《そと》がわにも見《み》えない何《なに》かがあるとはっけん。「赤《あか》」の外《そと》がわにあることから、「赤外《せきがい》線《せん》」と名《な》づけました。

マイクロ波《は》

マイクロ波《は》は電子《でんし》レンジにもつかわれている電波《でんぱ》です。赤外線《せきがいせん》よりも、せんさいなうごきをかんじとることができます。

レンジのひみつは
つぎのページに！
チン！

じゅしのかべ
人《ひと》がいる
マイクロ波《は》センサー
?
赤外線《せきがいせん》センサー

とくちょう1

通《とお》りぬける！

マイクロ波《は》は赤外線《せきがいせん》が通《とお》りぬけられないそざいを通《とお》りぬけます。このため、マイクロ波《は》のセンサーは、トイレのうちがわなどにかくすことができ、黒《くろ》いまどはいらなくなります。

とくちょう2

うごきがわかる！

マイクロ波《は》は人《ひと》が近《ちか》づいているのか、はなれているかをかんじとり、より細《こま》かなうごきを知《し》ることができます。

近《ちか》づいてきてる！
マイクロ波《は》センサー
はなれていってる
マイクロ波《は》センサー

きかい
の
おはなし

トースターと電子《でんし》レンジは何《なに》がちがうの？

トースターと電子《でんし》レンジ、どちらも電気《でんき》で食《た》べものをあたためますが、あたためるしくみはまったくちがいます。

トースターは、電気《でんき》で生《う》まれたねつをちょくせつ当《あ》てて、食《た》べものを外《そと》がわから、あたためます。だから、外《そと》がわのおんどがとくに高《たか》くなり、パンやおもちにこげめをつけられます。

電子《でんし》レンジは、食《た》べものにふくまれている水《みず》をりようして、内《うち》がわから、あたためます。水《みず》の中《なか》には小《ちい》さなつぶがあり、ぶつかりあうとおんどが上《あ》がります。はんたいに、つぶがあ

まりぶつからないと、おんどはひくいままです。そこで電子《でんし》レンジは、マイクロ波《は》を出《だ》して、水《みず》の中《なか》のつぶをゆらします。そうすると、つぶどうしがはげしくぶつかりあって、食《た》べもののぜんたいがあたたまるのです。

トースター
ねつをちょくせつ
当《あ》てる
電子《でんし》レンジ
マイクロ波《は》
スタート
マイクロ波《は》を出《だ》すそうち
水《みず》の中《なか》の
つぶ
つぶがゆれて
ねつが出《で》る！
あたためる前《まえ》

電子《でんし》レンジのひみつ

電子《でんし》レンジのあつかい方《かた》がトースターとちがうりゆうは、
マイクロ波《は》をつかったしくみにあります。

台《だい》がぐるぐる回《まわ》るりゆう

電子《でんし》レンジでマイクロ波《は》が出《で》るところは、1かしょだけのことが多《おお》いです。台《だい》を回《まわ》してマイクロ波《は》をムラなく当《あ》てることで、食《た》べものぜんたいをあたためています。

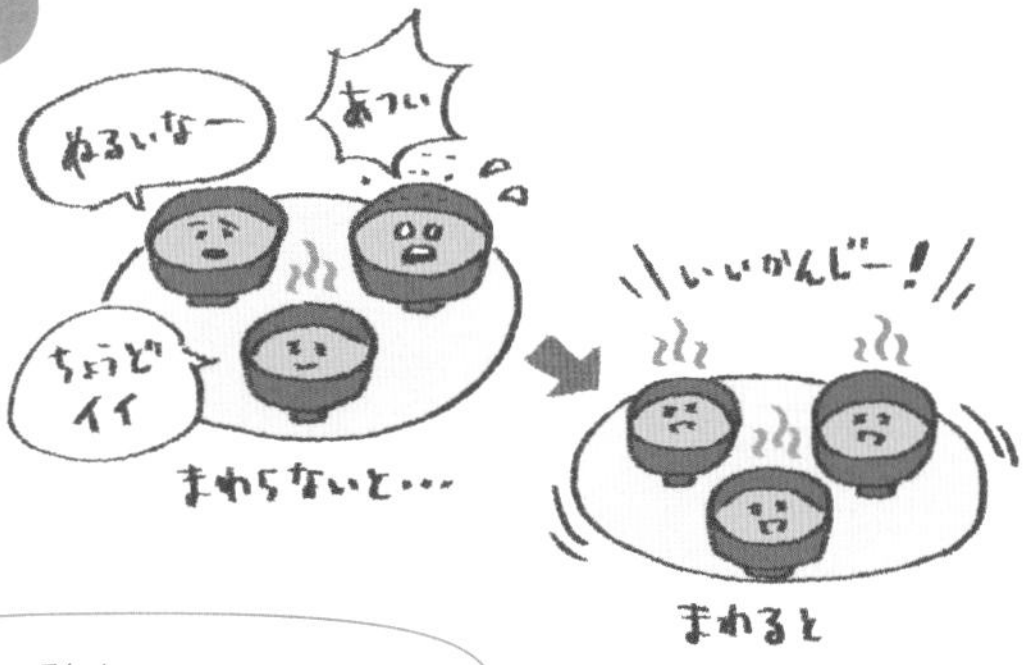

台《だい》を回《まわ》すのではなく、マイクロ波《は》をいろいろなほうこうにむけることで、食《た》べものをムラなくあたためます。

ラップをするりゆう

電子《でんし》レンジは水《みず》のつぶをマイクロ波《は》でゆらすため、食《た》べものにふくまれる水《みず》が空気中《くうきちゅう》に出《で》てしまいます。ラップでふたをすると、水《みず》をにがさないので、ふっくらしあがります。

やってみよう！

食《しょく》パンの やきぐあいくらべ

電子《でんし》レンジとトースターでちがいはあるか、たしかめてみましょう。

ようい するもの　食《しょく》パン、パンようのナイフかほうちょう

1 食《しょく》パンを小《ちい》さく切《き》る。

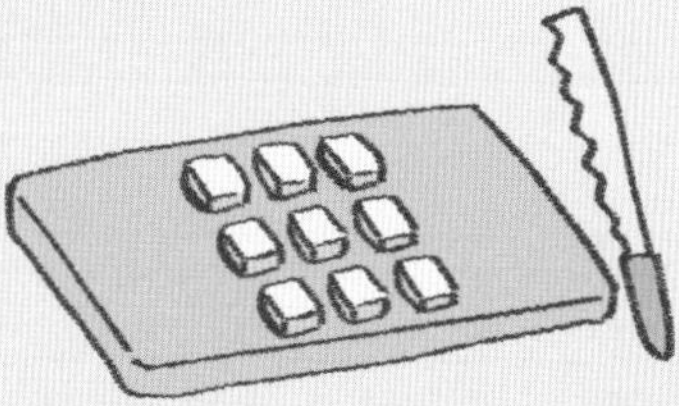

2 半分《はんぶん》ずつおさらにならべて、電子《でんし》レンジとトースターで1分《ぶん》くらいあたためる。

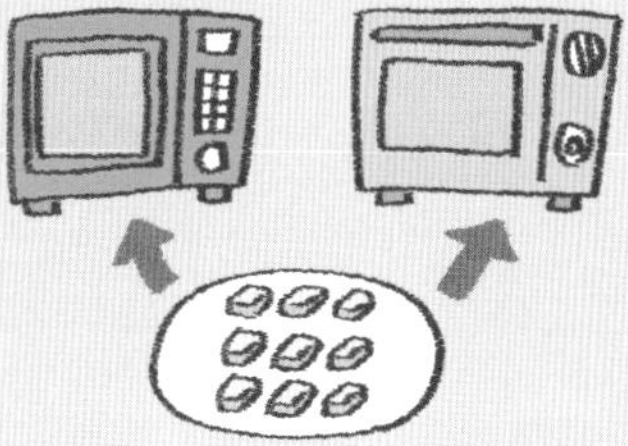

3 それぞれのやきぐあいをくらべてみよう。電子《でんし》レンジだとやき目《め》がつかず、ラスクみたいになる。

きかい
の
おはなし

空《くう》気《き》せいじょうきは、なぜにおいをけせるの？

空《くう》気《き》せいじょうきは、においやよごれをかんじると、空《くう》気《き》をすいこんで、においやよごれのもとをとりのぞきます。おならのにおいや、足《あし》のにおいも、空《くう》気《き》せいじょうきはすいこむので、においをけすことができるでしょう。

においのもととなるつぶは、とても小《ちい》さいものです。空《くう》気《き》せいじょうきの中《なか》にある、とくしゅなフィルターを通《とお》すことで、空《くう》気《き》からとりのぞくこ

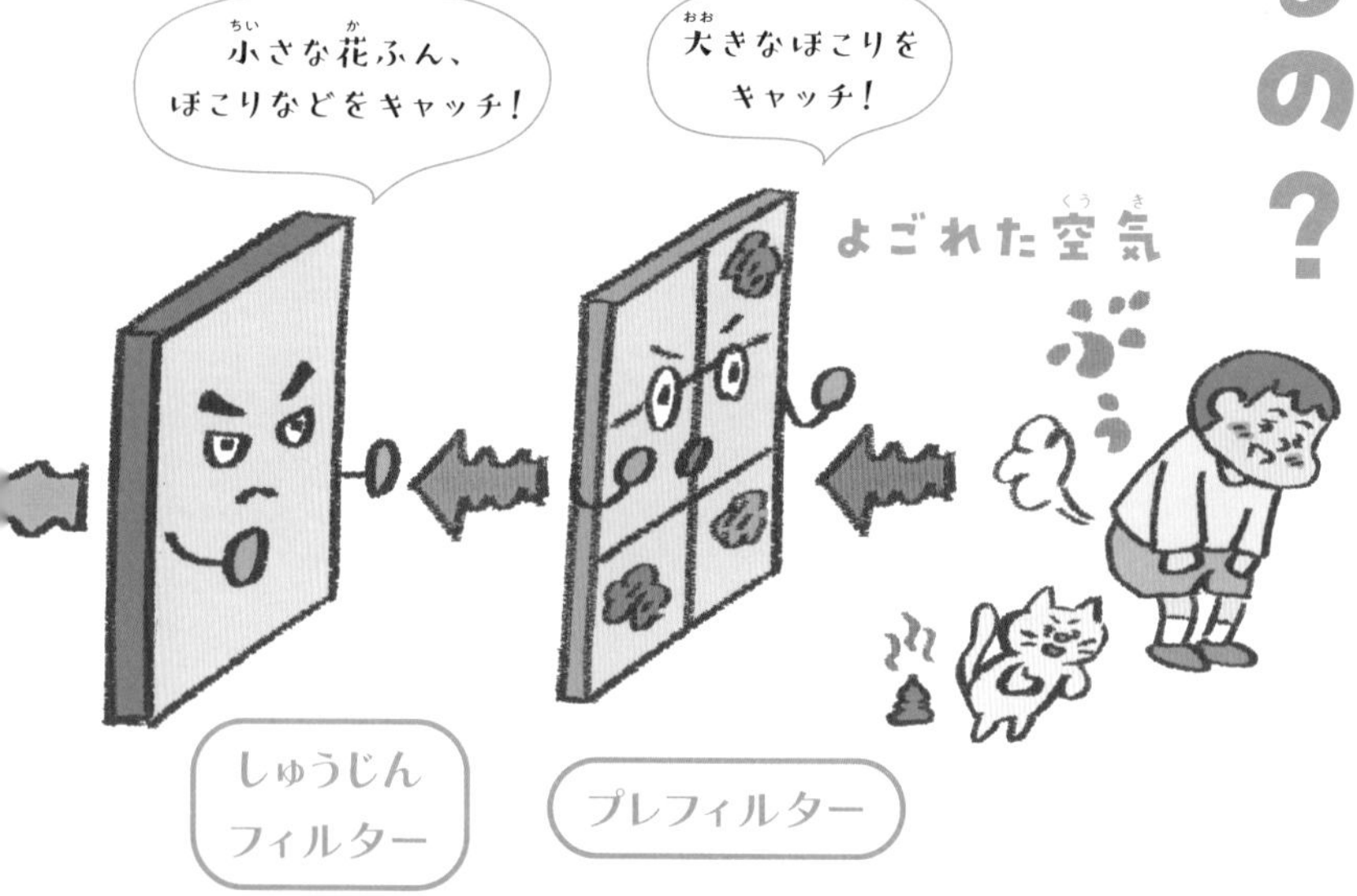

小《ちい》さな花《か》ふん、ほこりなどをキャッチ！
大《おお》きなほこりをキャッチ！
よごれた空《くう》気《き》
ぶぅ
しゅうじんフィルター
プレフィルター

とができます。

フィルターには、木《き》をもやして作《つく》る「すみ」などがつかわれています。すみには細《こま》かいあながたくさんあいているので、においのげんいんとなるつぶをあなにはめて、空気《くうき》からとりのぞきます。

ほかにも「光《ひかり》しょくばい」という、光《ひかり》のエネルギーをつかってにおいのもとをぶんかいするほうほうや、電気《でんき》の力《ちから》でくっつけてとりのぞくほうほうで、においをけしています。

ぼくのなかみ
大《だい》こうかい！

きれいな空気《くうき》を
出《だ》すよ！
すみにある細《こま》かいあなで、
においのもとをキャッチ！
きれいな空気《くうき》
ファン
においのもと
すみ
だっしゅう
フィルター

こんなものでもにおいをけせるよ！

フィルターにつかわれる「すみ」のほかにも、
においをけす力《ちから》をもつものがあります。

茶《ちゃ》がら

りょく茶《ちゃ》にふくまれるカテキンには、いやなにおいをけす力《ちから》があります。むかしから、たたみのそうじなどにつかわれていました。

コーヒーかす

すみと同《おな》じで、コーヒーかすのひょうめんにはたくさんのあながあいていて、においをくっつけることができます。

10円玉《えんだま》

10円玉《えんだま》は「銅《どう》」という金《きん》ぞくでできています。銅《どう》は水分《すいぶん》があると、においをけす力《ちから》がはたらきます。

やってみよう！

手《て》作《づく》りしょうしゅうざい

みぢかにあるもので、しょうしゅうざいを作《つく》ってみましょう。

ようするもの　茶《ちゃ》がらやコーヒーかす、トレイ、ガーゼなど

1 茶《ちゃ》がらやコーヒーかすをすてずにとっておき、水気《みずけ》をしぼる。

2 トレイなどに入《い》れて、日《ひ》の当《あ》たるところでよくかわかす。

3 ガーゼなどでつつんでかんせい！くつの中《なか》やげたばこなどに入《い》れてつかおう。

きかいのおはなし

エアコンのれいぼうとだんぼうの25どはちがうの？

同《おな》じ25どでも、エアコンのはたらきで、ねつのうごきがちがいます。

れいぼうはおんどを下《さ》げるように、だんぼうはおんどを上《あ》げるように、はたらくしくみです。

エアコンは、へやの中《なか》にある「しつないき」と、へやの外《そと》にある「しつがいき」がパイプでつながり、「れいばい」というぶっしつがパイプをめぐることでおんどがかわります。

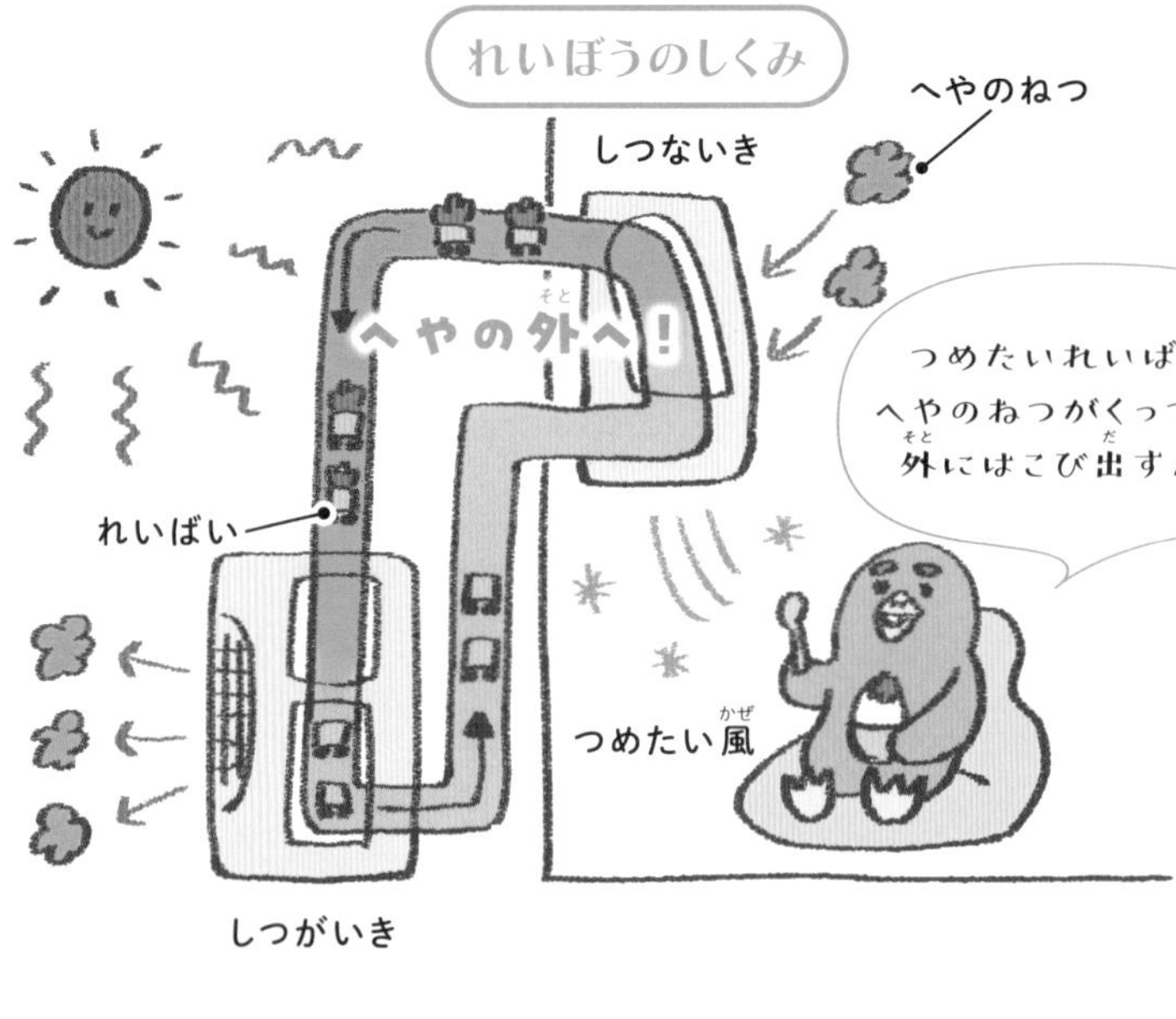
れいぼうのしくみ
へやのねつ
しつないき
へやの外《そと》へ！
つめたいれいばいにへやのねつがくっついて、外《そと》にはこび出《だ》すんだ！
れいばい
つめたい風《かぜ》
しつがいき

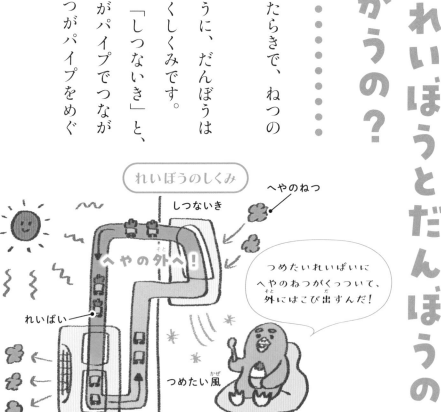

れいぼうは、へやの中《なか》のねつをしつないきがあつめて、れいばいが外《そと》にはこびます。れいばいはまたしつないきにもどり、これをくりかえすことで、へやのねつがへってすずしくなります。

だんぼうは、しつがいきがへやの外《そと》の空気《くうき》のねつをあつめて、さらにあたため、れいばいがねつをへやの中《なか》にはこびます。

へやが25どよりあついとき、れいぼうのおんどを25どにすると、すずしくなります。でも、だんぼうの25どにすると、「へやは25どよりあたたかい」とエアコンがはんだんし、おんどを上《あ》げることはありません。

だんぼうのしくみ

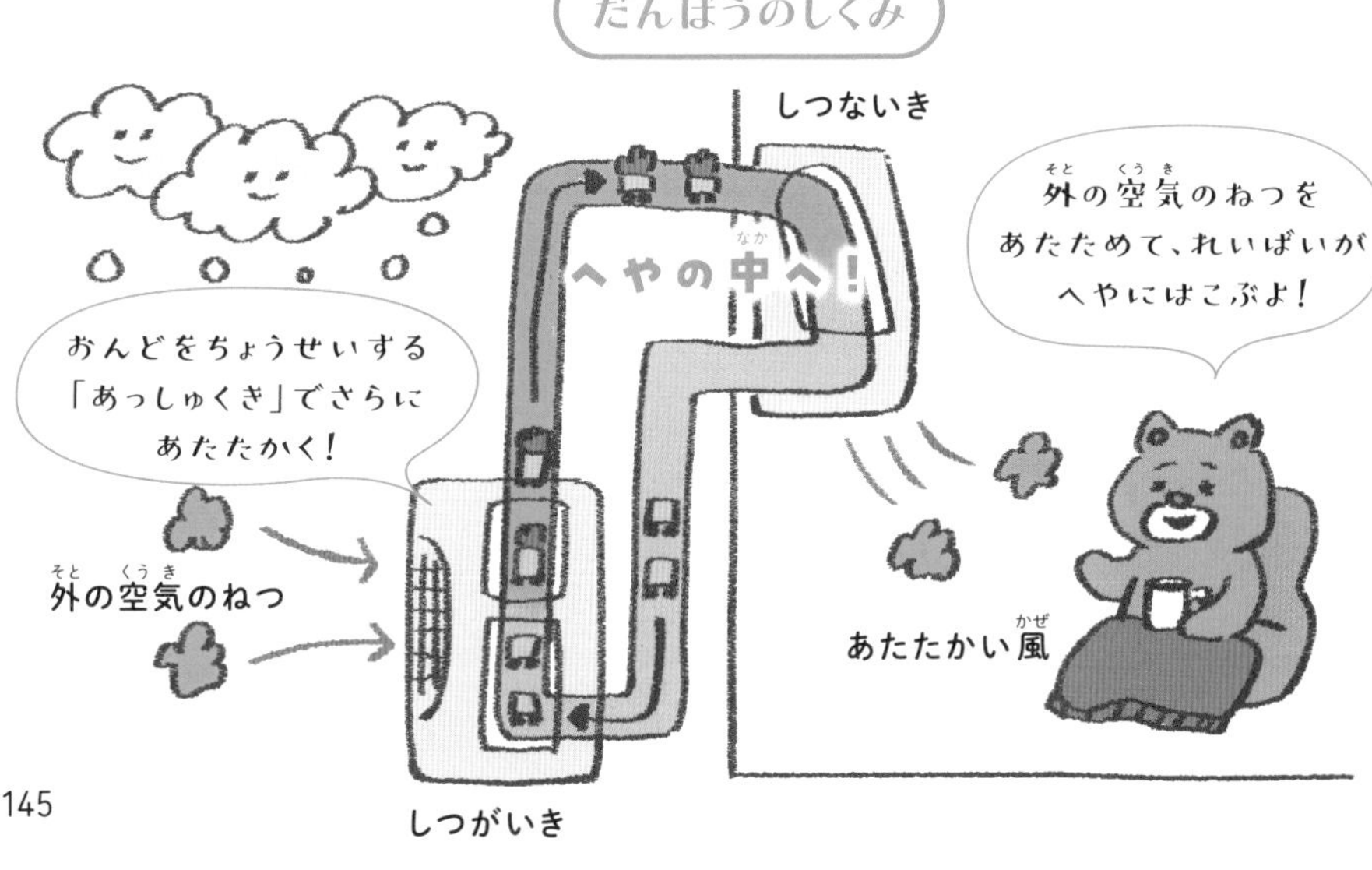
しつないき
外《そと》の空《くう》気《き》のねつをあたためて、れいばいがへやにはこぶよ！
へやの中《なか》へ！
おんどをちょうせいする「あっしゅくき」でさらにあたたかく！
外《そと》の空《くう》気《き》のねつ
あたたかい風《かぜ》
しつがいき

エアコンのしつないきの中《なか》を見《み》てみよう

へやの中《なか》にあるしつないき。
中《なか》はどうなっているのか、よこから見《み》てみましょう。

① フィルター

へやの空気《くうき》のほこりをつかまえます。

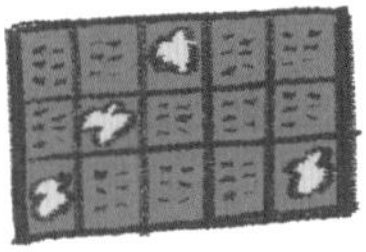

② ねつこうかんき

あたたかいものと、つめたいものがふれあうと、あたたかいほうはひやされて、つめたいほうはあたたまります。このしくみをつかって、空気《くうき》をあたためたり、ひやしたりします。

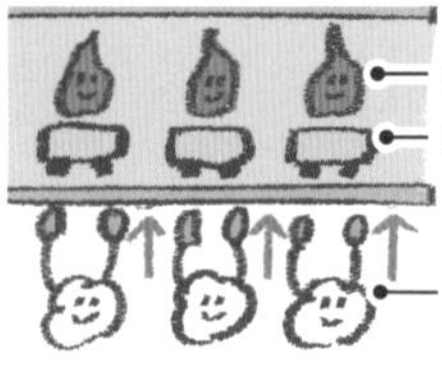

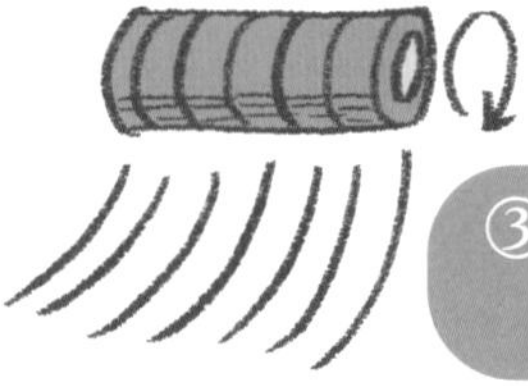

③ クロスフローファン

つつのような形《かたち》をしていて、かいてんすることで風《かぜ》をおこします。

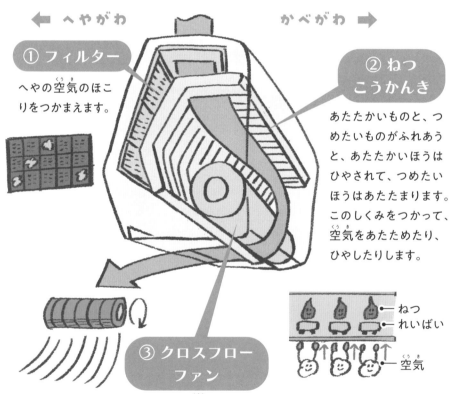

やってみよう！

あつい ものと つめたい ものが ふれあうと どうなる？

ねつのいどうについて、じっけんしてみましょう。

ようい する もの　こおり

1 こおりを手《て》のひらにおく。

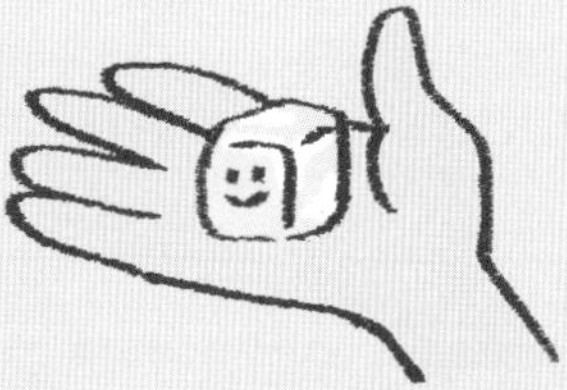

2 こおりのようすや、手《て》のひらのかんじ方《かた》をかんさつしよう。

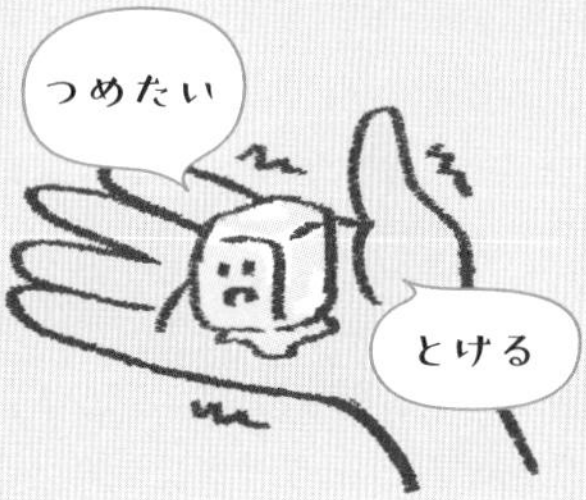

3 あつい手《て》のひらから、つめたいこおりのほうにねつがいどうする。すると、手《て》のひらがつめたくなり、こおりはとける。

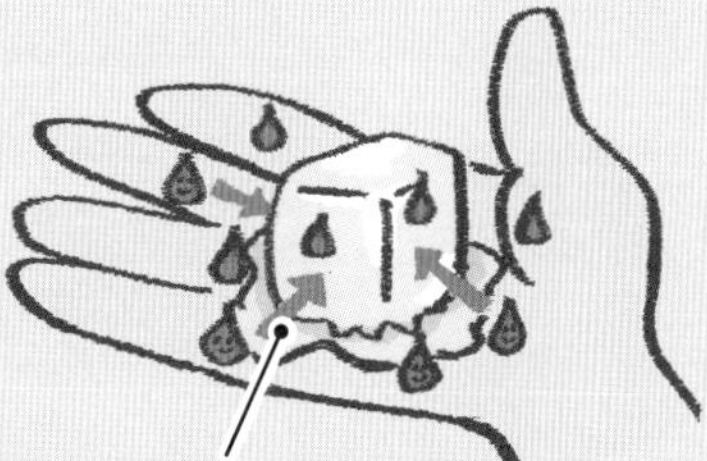

きかい の おはなし

ドローンはどうしてとべるの?

ドローンとは、人《ひと》をのせずに、はなれたところからうごかす、こうくうきのこと。せんようのきかいのほか、スマートフォンなどでも、うごかすことができます。

ドローンがとべるのは、プロペラが回《まわ》るからです。プロペラが回《まわ》ると、上《うえ》へむかって風《かぜ》がおこり、空中《くうちゅう》にうき上《あ》がる力《ちから》が生《う》まれるのです。

→は時計《とけい》回《まわ》り
←は時計《とけい》とはんたい回《まわ》り
プロペラ
となりあうプロペラはぎゃくに回《まわ》る!

このしくみはヘリコプターと同《おな》じですが、ドローンには同《おな》じ形《かたち》のプロペラが何《なん》まいもついています。ひとつひとつのプロペラのはやさをかえることで、とぶむきや高《たか》さ、スピードまでじゆうにかえることができます。

ドローンのとくちょうは、風《かぜ》がふいても自《じ》分《ぶん》でバランスをとれることです。そのため、人《ひと》が行《い》けないようなばしょでさぎょうをしたり、きけんなばしょでさつえいをしたりと、大《だい》かつやくしています。

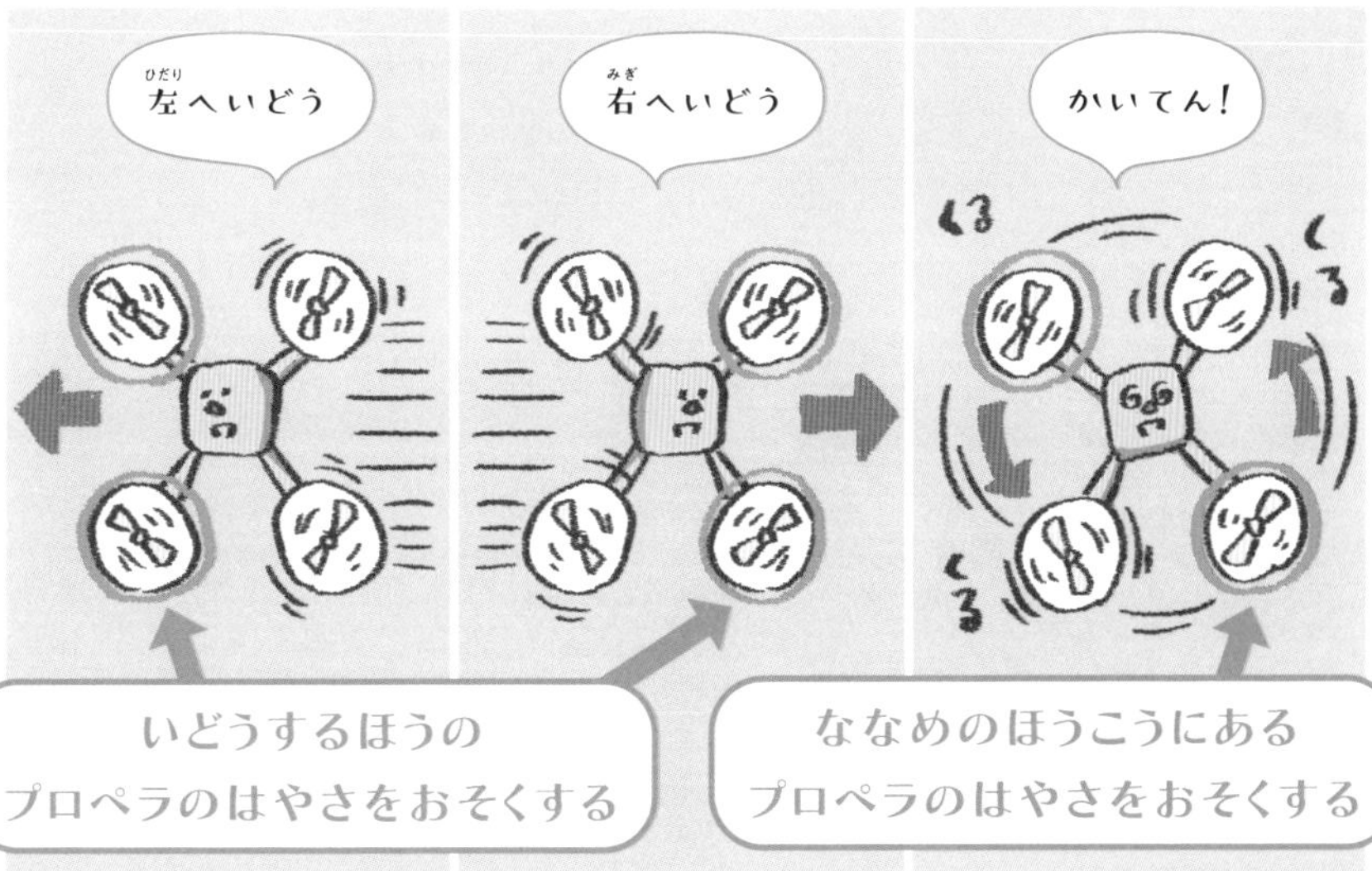
左《ひだり》へいどう
右《みぎ》へいどう
かいてん！
くる
くる
くる
いどうするほうの
プロペラのはやさをおそくする
ななめのほうこうにある
プロペラのはやさをおそくする

ヘリコプターはどうやってとぶの？

ヘリコプターは大《おお》きいメインローターと小《ちい》さいテールローターを回《まわ》してとびます。どうやって大《おお》きな機体《きたい》をうき上《あ》がらせたり、すすむほうこうをかえたりしているのでしょう。

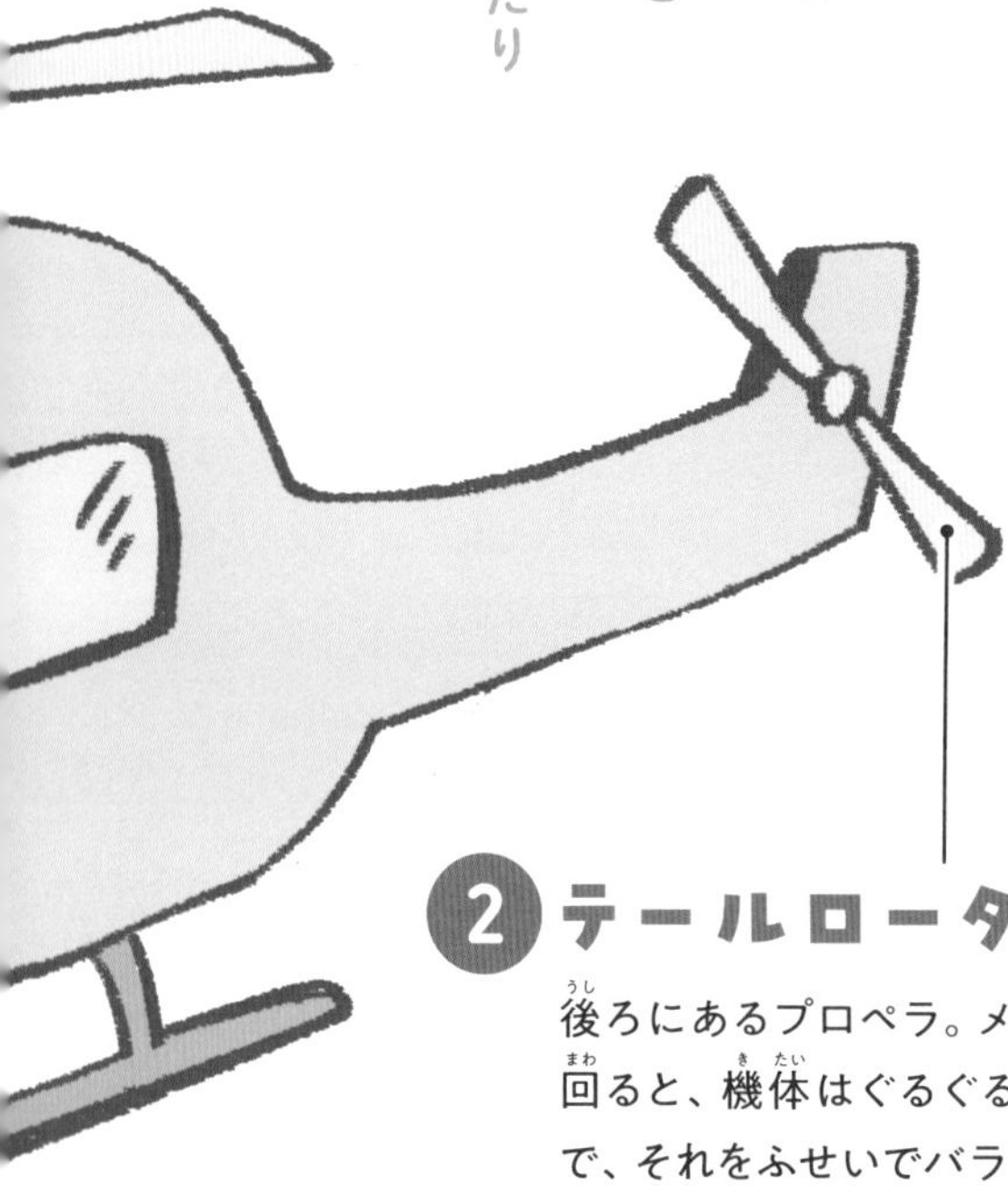

② テールローター

後《うし》ろにあるプロペラ。メインローターが回《まわ》ると、機体《きたい》はぐるぐる回《まわ》ってしまうので、それをふせいでバランスをとります。

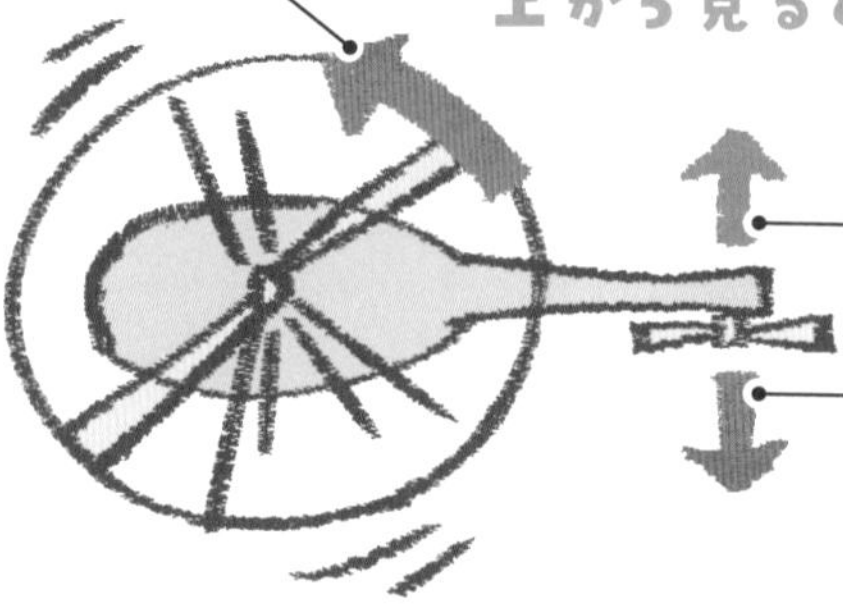
上《うえ》から見《み》ると
メインローターの回《まわ》るほうこう
テールローターがつくる力《ちから》のむき
メインローターで機体《きたい》が回《まわ》ろうとするむき

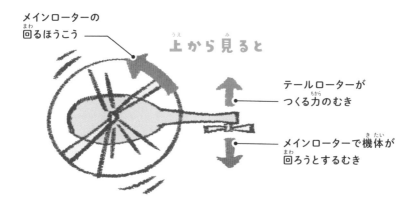

1 メインローター

上《うえ》にある大《おお》きいプロペラ。これを回《まわ》すことで上《うえ》にうきあがる力《ちから》を生《う》みだし、かたむけることで前《まえ》や後《うし》ろにすすみます。

よこから見《み》ると

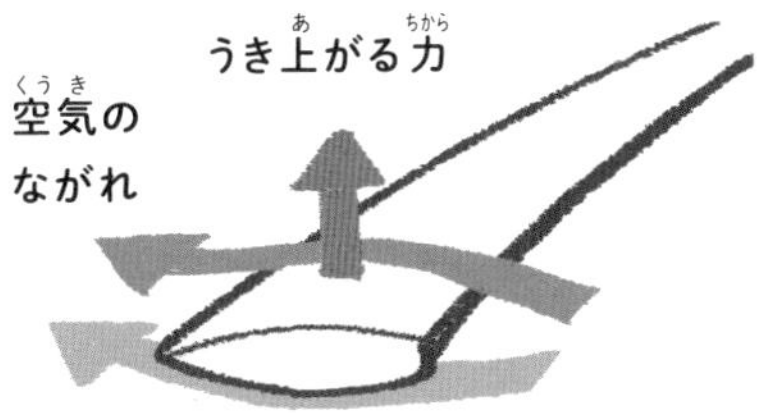
うき上《あ》がる力《ちから》
空気《くうき》のながれ

メインローターのプロペラをよこから見《み》ると、ひこうきのつばさににています。上《うえ》と下《した》に空気《くうき》のながれができることで、うき上《あ》がる力《ちから》が生《う》まれます。

ドローンとにているようでちがうよ!

いどうするときはメインローターをかたむける

メインローターをかたむけると、力《ちから》がはたらくほうこうがかわり、すきなほうこうにうごけます。

上《うえ》にあがる
前《まえ》にすすむ
後《うし》ろにすすむ

きかいのおはなし

ロボットと人間《にんげん》、どっちがかしこいの？

かしこさにもいろいろなしゅるいがあり、むずかしいしつもんです。

ロボットは大《おお》きな数《かず》のふくざつな計算《けいさん》の答《こた》えを、人《ひと》よりも早《はや》く、あっという間《ま》に出《だ》すことができます。その点《てん》では、ロボットのほうがかしこいといえるでしょう。でもそれは、人《ひと》がロボットに教《おし》えたことを、その通《とお》りにやっているだけです。

いっぽう人《ひと》は、まわりのじょうきょうや、人《ひと》の

ロボットがとくいなこと

計算《けいさん》やたくさんのことをおぼえる。

声《こえ》、ふんいきから、人《ひと》の気《き》もちをくみとることができます。この点《てん》では、今《いま》はまだ、人《ひと》のほうがかしこいといえるでしょう。

人《ひと》のかしこさのまねをした「人工《じんこう》ちのう」をもつロボットも、とうじょうしています。AI《エーアイ》ともいいます。チェスやしょうぎなどのゲームは、ロボットが人《ひと》にかつようになってきています。

ロボットもいつか、人《ひと》の気《き》もちをくみとれるようになるでしょうか。

もしかするとみらいのせかいでは、どんなことでも人《ひと》よりロボットのほうがかしこくなっているかもしれませんね。

人間《にんげん》がとくいなこと

人《ひと》の気《き》もちをくみとる。

かつやくするロボットたち

わたしたちのまわりでは、すごいロボットたちがかつやくしています。どんなロボットがいるのか、見《み》てみましょう。

さいがい用《よう》ドローン

あぶなくないか、しらべてきます！

さいがいでかつやく

火山《かざん》のふんかや大雨《おおあめ》など、さいがいがおきたばしょを空《そら》からしらべます。

いっしょにあそぼう！
へやをキレイにするよ

友《とも》だちロボット

人《ひと》を楽《たの》しませる

人《ひと》としぜんにおしゃべりしたり、ダンスをおどったりして楽《たの》しませます。

そうじきロボット

じどうでへやをそうじします。ゆかにおいてあるものにぶつかったら自分《じぶん》でむきをかえます。

そうじをする

のうぎょうでかつやく

食《た》べごろだから、とってOK《オーケー》！

どのさくもつが食《た》べごろかをじどうではんだんして、つみとります。

しゅうかくロボット

はいぜんロボット

いらっしゃいませ～

いちどにたくさんのものをはこべて、人《ひと》やテーブルのあいだをじょうずにいどうします。

しごとをてつだう

さんぎょう用《よう》ロボット

車《くるま》などのおもいぶひんをはこんで、くみたてたり、金《きん》ぞくをつなぎ合《あ》わせたりします。

せいかくなさぎょうはおまかせ！
ジジジ…
ジジジ…

ものづくりでかつやく

ゆう・ゆう の おはなし

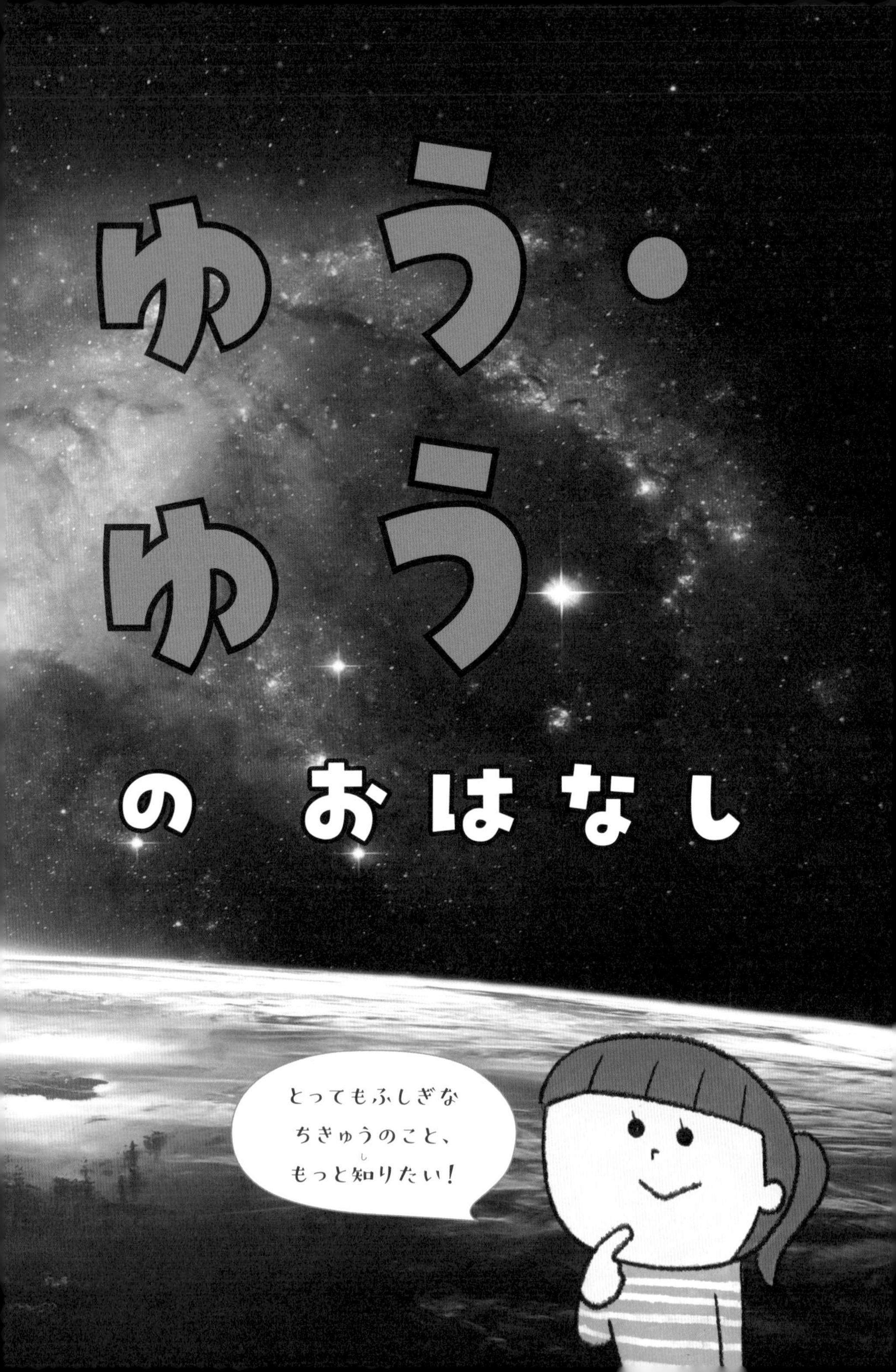
とってもふしぎな
ちきゅうのこと、
もっと知《し》りたい！

ちき うち

ちきゅうやうちゅうには
長《なが》いれきしがあり、知《し》らない
ことも、たくさんあります。
どんなふしぎが、
見《み》つかるでしょうか。

うちゅう・ちきゅうのおはなし

ひこうき雲《ぐも》はどうしてできるの？

ひこうきがとんだあと、白《しろ》いひこうき雲《ぐも》がすじになってのこります。ひこうき雲《ぐも》はどうしてできるのでしょうか。

それは空《そら》がとってもさむいからです。

ひこうきから出《で》るはいきガスには、「水《すい》じょうき」という小《ちい》さな水《みず》のつぶがふくまれています。ひこうきがとぶのは、高《たか》さ1万《まん》メートルの空《そら》です。きおんは、マイナス50どくらい。これ

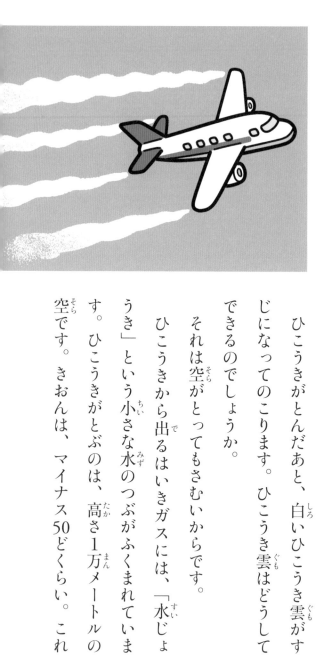

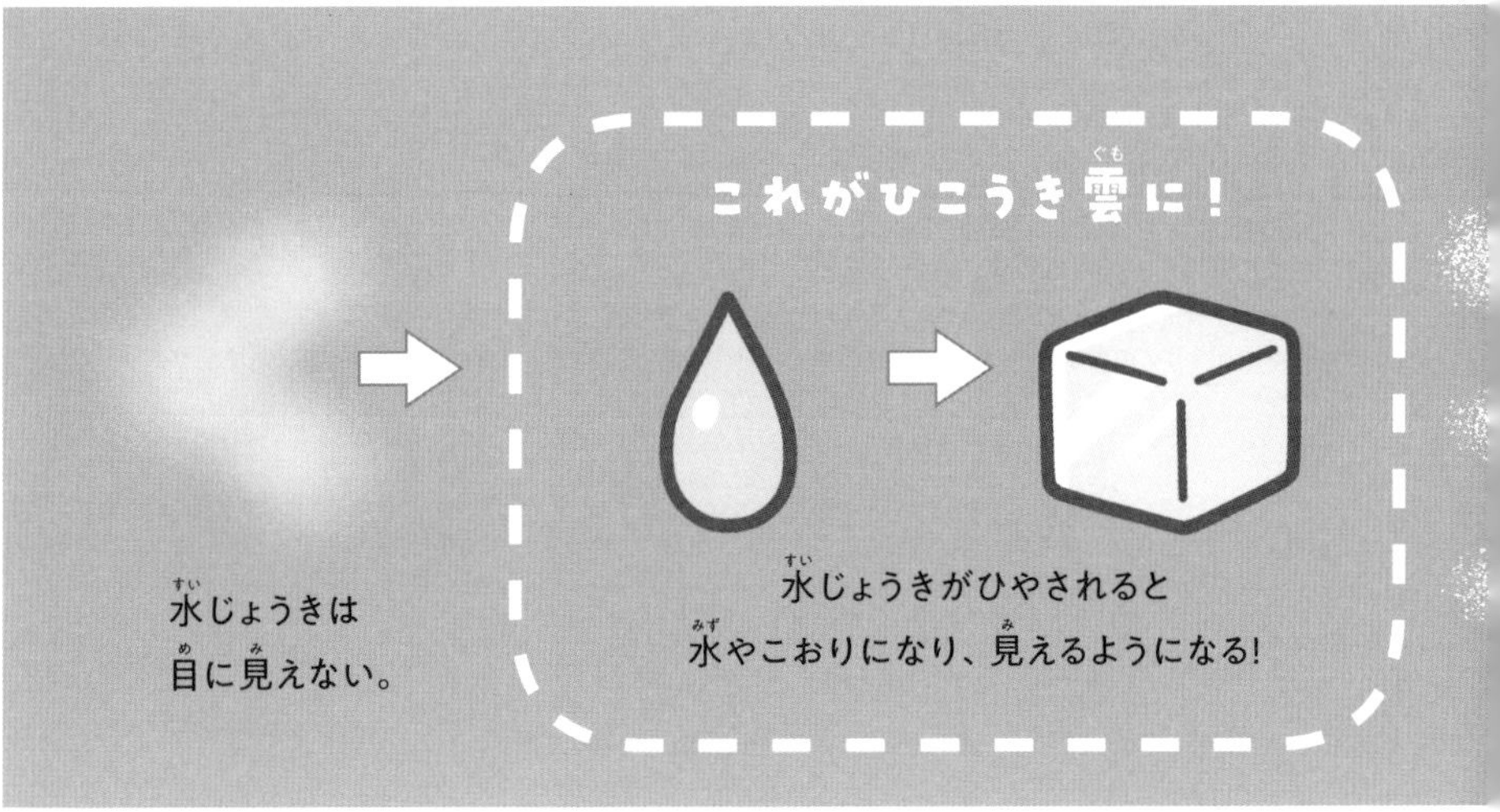
これがひこうき雲《ぐも》に！
水《すい》じょうきは
目《め》に見《み》えない。
水《すい》じょうきがひやされると
水《みず》やこおりになり、見《み》えるようになる！

ほどきおんがひくいと、水《すい》じょうきは一気《いっき》にひやされて水《みず》やこおりになります。これがひこうき雲《ぐも》となるのです。さむい日《ひ》にいきが白《しろ》くなるのと同《おな》じです。

このほか、つばさのはしにうずができて、うずの中《なか》のおんどが下《さ》がってできる、ひこうき雲《ぐも》もあります。

ひこうき雲《ぐも》が長《なが》くのこりやすいのは、空気《くうき》がしめっているとき。だから、ひこうき雲《ぐも》がなかなかきえないのは、「雨《あめ》が近《ちか》づいているしるし」と考《かんが》えられています。

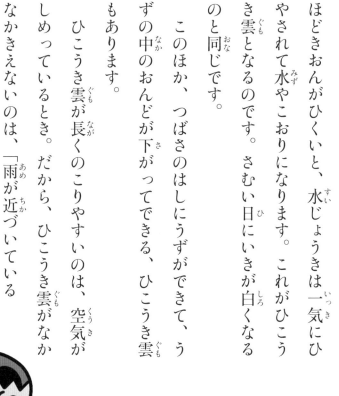

めずらしい形《かたち》の雲《くも》ずかん

ひこうき雲《ぐも》は、ひこうきがなかったじだいには見《み》られなかった、新《あたら》しい形《かたち》の雲《くも》です。ほかにも、かわった形《かたち》だったり、めったに見《み》られなかったりする、めずらしい雲《くも》があります。

かさ雲《ぐも》

高《たか》い山《やま》の上《うえ》に、ぼうしのようにかぶさった雲《くも》。しめった空気《くうき》が山《やま》にぶつかってできます。ほとんどのばあい、半日《はんにち》から１日後《にちご》に雨《あめ》がふります。

つるし雲《ぐも》

山《やま》の上《うえ》の近《ちか》くにふく、強《つよ》い風《かぜ》によってできる雲《くも》。UFO《ユーフォー》のような形《かたち》に見《み》えるものもあります。

ろうと雲《ぐも》

たつまきがおこるときに、じめんにむかってのびてくる雲《くも》です。

この雲《くも》を見《み》かけたら、すぐにひなんしよう！

たき雲《ぐも》

雲《くも》が山《やま》をこえて、山《やま》にそってまるで「たき」のようにおりてくる雲《くも》です。おりてくるとちゅうで、雲《くも》はきえてしまうことが多《おお》いです。

うちゅう・ちきゅうのおはなし

むかしの人《ひと》はどうやって天気《てんき》をよそくしていたの？

むかしの人《ひと》は、空《そら》や生《い》きもののようすをかんさつして、けいけんをもとに天気《てんき》をよそくしていました。今《いま》ではそのよそくの多《おお》くに、きちんとしたりゆうがあることがわかっています。

たとえば、「ツバメがひくくとぶと雨《あめ》」。

雨《あめ》がふる前《まえ》のしめった空気《くうき》の中《なか》では、小《ちい》さい虫《むし》の羽《はね》は水《みず》がついて、おもくなります。すると、虫《むし》はひくくとぶので、それをえさとするツバメも、

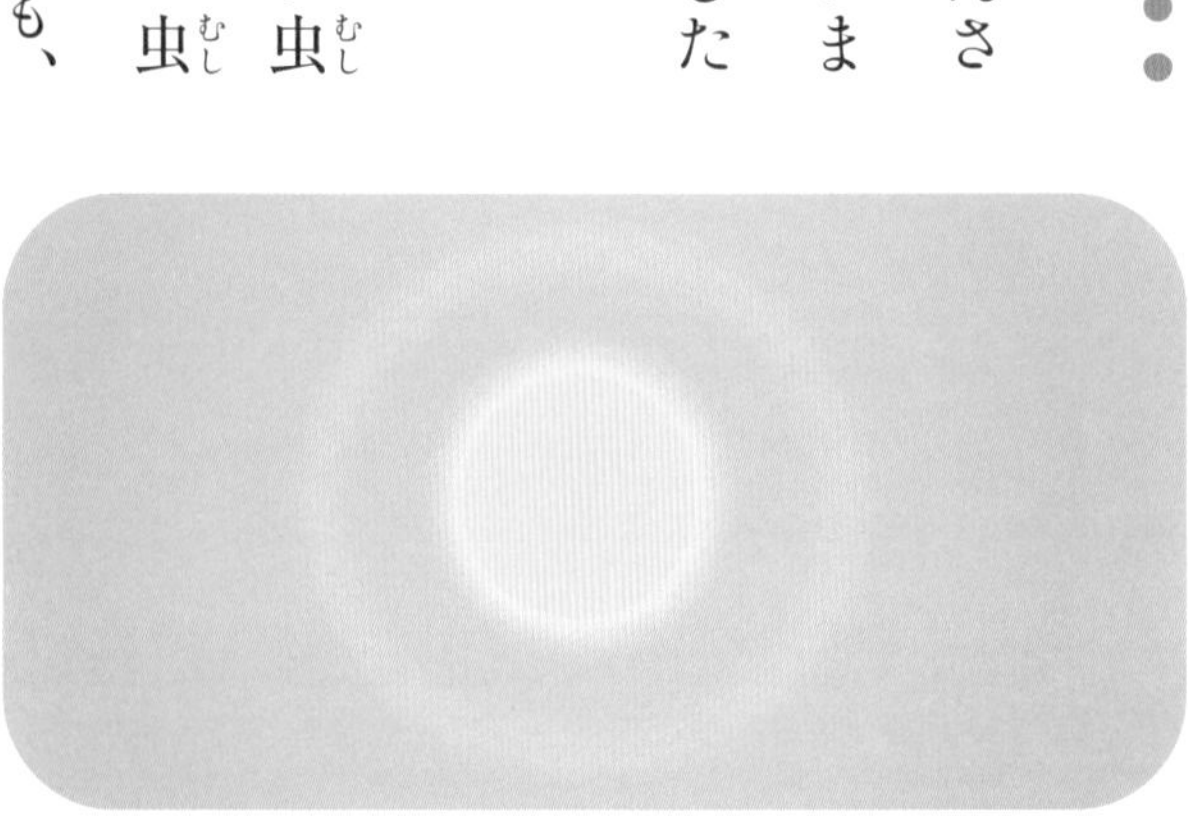

ひくいところをとぶ、というわけです。

また、「きれいな夕《ゆう》やけが見《み》えると、明日《あした》は晴《は》れ」。天気《てんき》は西《にし》から東《ひがし》にいどうしていきます。夕《ゆう》やけが見《み》えるということは、西《にし》の空《そら》が晴《は》れている、ということです。晴《は》れた天気《てんき》がいどうしてくるので、つぎの日《ひ》は晴《は》れることが多《おお》い、というわけです。

ほかにも、「たいようにかさがかかると雨《あめ》」「朝《あさ》ににじがかかると雨《あめ》」といった、言《い》いつたえやことわざがあります。天気《てんき》よほうほど、せいかくではありませんが、当《あ》たることもけっこう多《おお》いそうですよ。

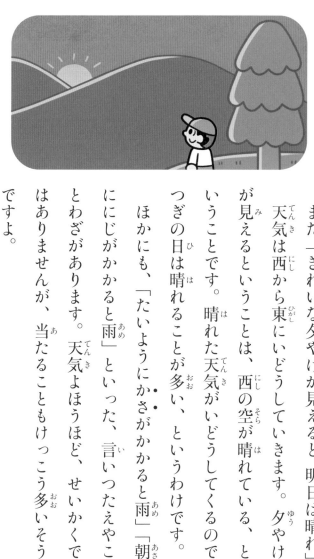

天《てん》気《き》をよそくする言《い》いつたえ

むかしの人《ひと》は、雲《くも》や風《かぜ》などの空《そら》のようす、生《い》きもののようすなどから天《てん》気《き》をよそくしていました。天《てん》気《き》をよそくする言《い》いつたえは、今《いま》の生《せい》活《かつ》につかえるものもあります。

カエルが鳴《な》くと雨《あめ》

雨《あめ》が近《ちか》づいてしっけが多《おお》くなると、アマガエルのオスがメスをよぶために鳴《な》くことがあるため、「アマガエルが鳴《な》くと雨《あめ》」といわれています。

遠《とお》くの音《おと》がよく聞《き》こえるときは天《てん》気《き》がわるくなる

音《おと》は、空《くう》気《き》の中《なか》を広《ひろ》がってつたわっていくため、遠《とお》くに行《い》くほど聞《き》こえにくくなります。けれど、雨《あめ》をふりやすくするていきあつが近《ちか》づき、空《そら》にあたたかい空《くう》気《き》があるときは、広《ひろ》がった音《おと》が地《ち》上《じょう》にはねかえってくるため、遠《とお》くの音《おと》でも聞《き》こえやすくなります。

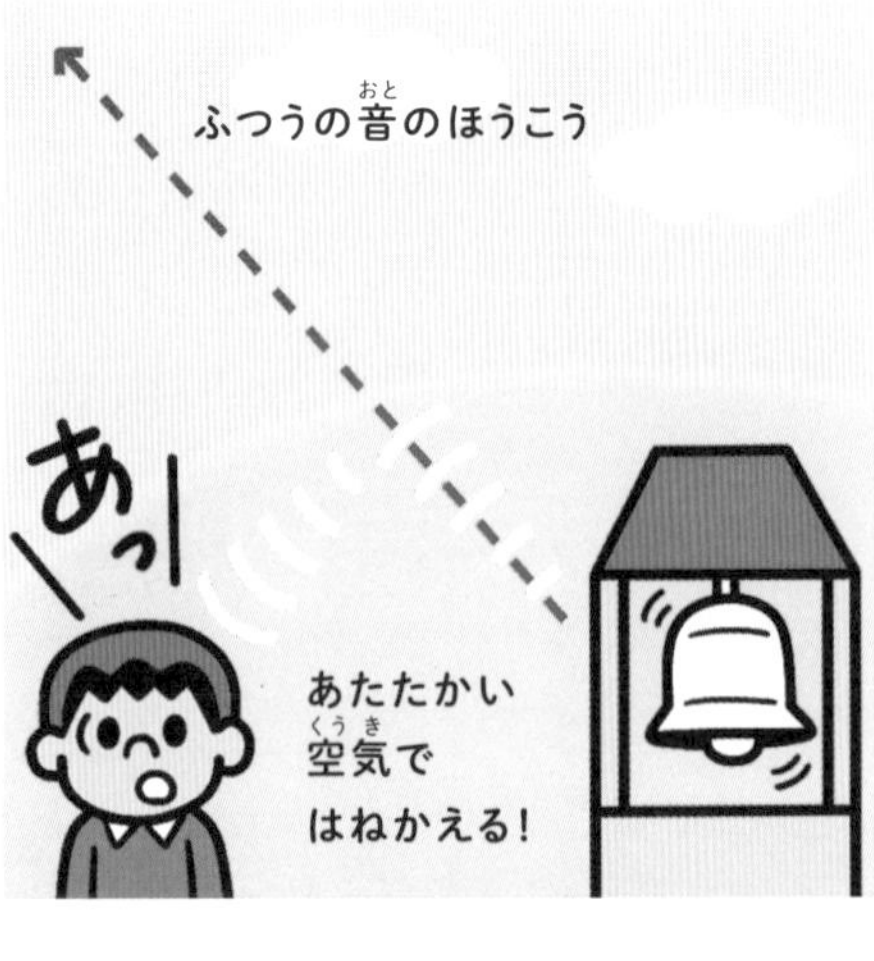

ネコが顔《かお》をあらうと雨《あめ》

ネコが顔《かお》をあらうのは、しっけでおもくなったヒゲを気《き》にしているためです。しっけが多《おお》いということは、近《ちか》いうちに雨《あめ》がふるということです。「ネコが耳《みみ》の後《うし》ろまで顔《かお》をあらうと、まもなく雨《あめ》がふる」ともいわれます。

星《ほし》がまたたくと風《かぜ》が強《つよ》くなる

夜《よる》に星《ほし》がチカチカまたたいて見《み》えるのは、空《そら》で強《つよ》い風《かぜ》がふいて、空気《くうき》がみだれているためです。昼《ひる》になると、空《そら》の強《つよ》い風《かぜ》がおりてきて、地上《ちじょう》で強《つよ》い風《かぜ》がふくようになります。

山《やま》に雲《くも》がかかると雨《あめ》がふる

しめった空気《くうき》が山《やま》にそってのぼると、空気《くうき》がひやされて雲《くも》になります。そのため、山《やま》の上《うえ》に雲《くも》がかかると、まもなく天気《てんき》がくずれるといわれています。

うちゅう・ちきゅうのおはなし

なぜ今《いま》はいないきょうりゅうのことがわかるの？

はるかむかしにぜつめつしてしまった、きょうりゅう。今《いま》もそのいちぶが、化石《かせき》となってのこされています。

化石《かせき》は、しんだきょうりゅうが大雨《おおあめ》やこう水《ずい》などで土《ど》しゃにうもれることで、できます。

土《つち》の中《なか》で長《なが》い時間《じかん》をかけて、ほねが石《いし》のせいぶ

化石《かせき》ができてはっけんされるまで

その上《うえ》に土《つち》やすながつもる。

きょうりゅうのしたいがこう水《ずい》などで海《うみ》や川《かわ》にはこばれる。

んにおきかわり、化石《かせき》になります。うまっているところが、じしんなどで地上《ちじょう》に出《で》てくることで、人《ひと》が化石《かせき》をはっけんするというわけです。

ほねの化石《かせき》が見《み》つかれば、今《いま》も生《い》きている鳥《とり》やワニのほねとくらべることで、どんなすがただったのかを明《あき》らかにできます。

化石《かせき》にのこされた羽毛《うもう》や色《いろ》のあとから、見《み》た目《め》もわかるようになってきました。それに「足《あし》あと」や「たまご」の化石《かせき》から、どんな生活《せいかつ》をしていたかもしらべられます。

たんていが、のこされたしょうこをもとに、はんにんのようすをしらべるのに、にていますね。

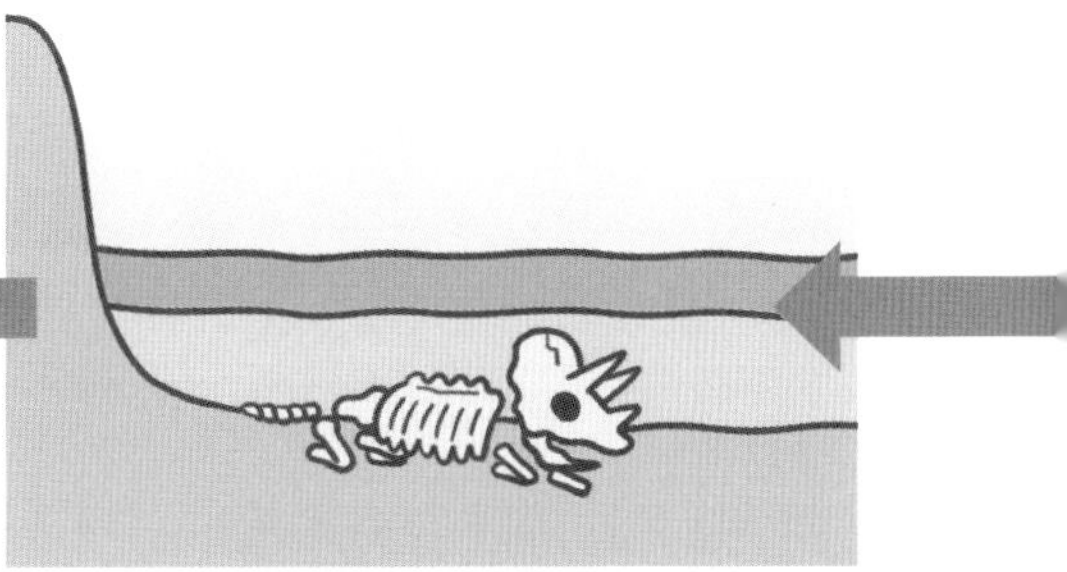

長《なが》い時間《じかん》の中《なか》でほねが
石《いし》のようになっていく。

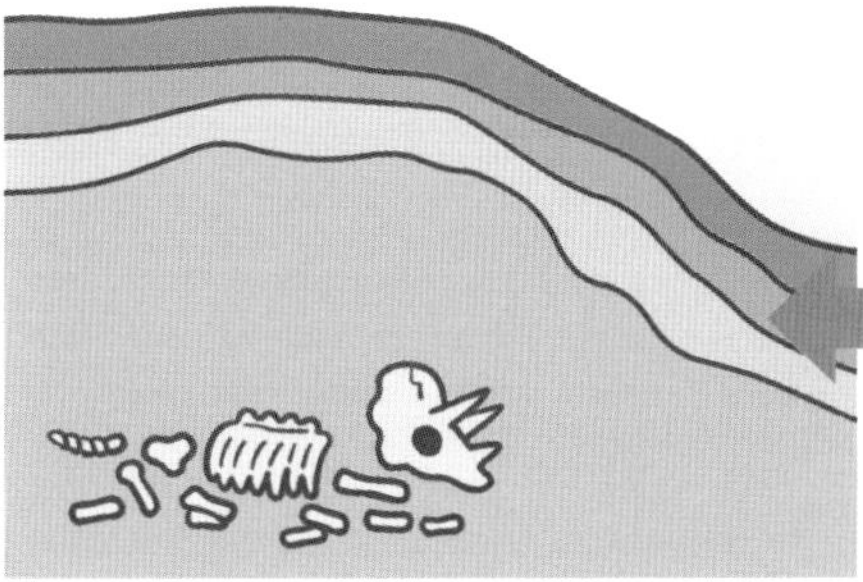

じしんなどで、うもれていたじめんが
おもてに出《で》てきてはっけんされる。

大《おお》むかしからのメッセージ！化《か》石《せき》

化石《かせき》からわかることはたくさんあります。足《あし》あとだけからでも、体《からだ》の大《おお》きさや、走《はし》るはやさがわかったりします。さらに、食《た》べたものや体《からだ》の色《いろ》もしらべられます。

食《た》べていたものは歯《は》でわかる！

生《い》きものが何《なに》を食《た》べるかは、歯《は》を見《み》ることでわかります。歯《は》はかたく、化《か》石《せき》にのこりやすいので、きょうりゅうが何《なに》を食《た》べていたかも知《し》ることができます。

ティラノサウルス

ティラノサウルスの頭《あたま》の化《か》石《せき》は、とても大《おお》きくて、するどい歯《は》がならんでいます。ライオンやトラのように、えものにかみつくのにべんりな歯《は》をしていることから、肉《にく》食《しょく》きょうりゅうだったとわかります。

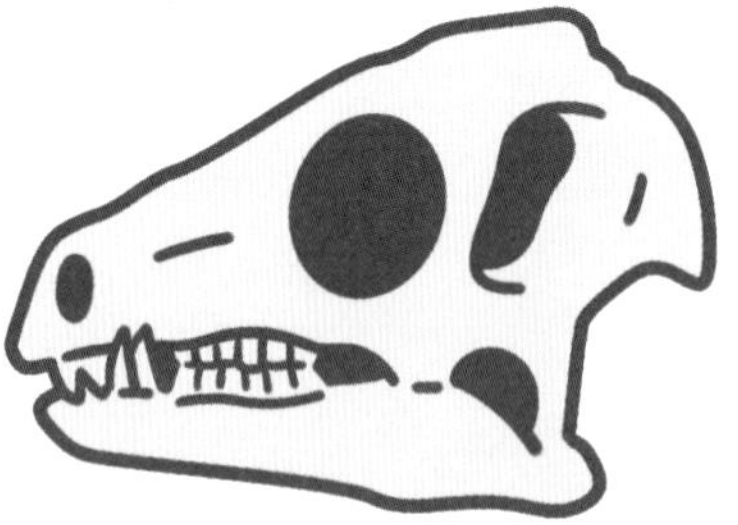

ヘテロドントサウルス

ヘテロドントサウルスは、前《まえ》のほうにするどいキバのような歯《は》と、そのおくに食《た》べたものをすりつぶせるたいらな歯《は》があります。人《にん》間《げん》のように、肉《にく》もしょくぶつもりょうほう食《た》べていたと考《かんが》えられています。

きょうりゅうはカラフルだった!?

ほねや歯《は》とくらべると少《すく》ないけれど、ひふや毛《け》が化石《かせき》になることがあります。毛《け》の化石《かせき》にふくまれる、メラノソームというものの大《おお》きさや形《かたち》から、もとの色《いろ》がわかりはじめています。

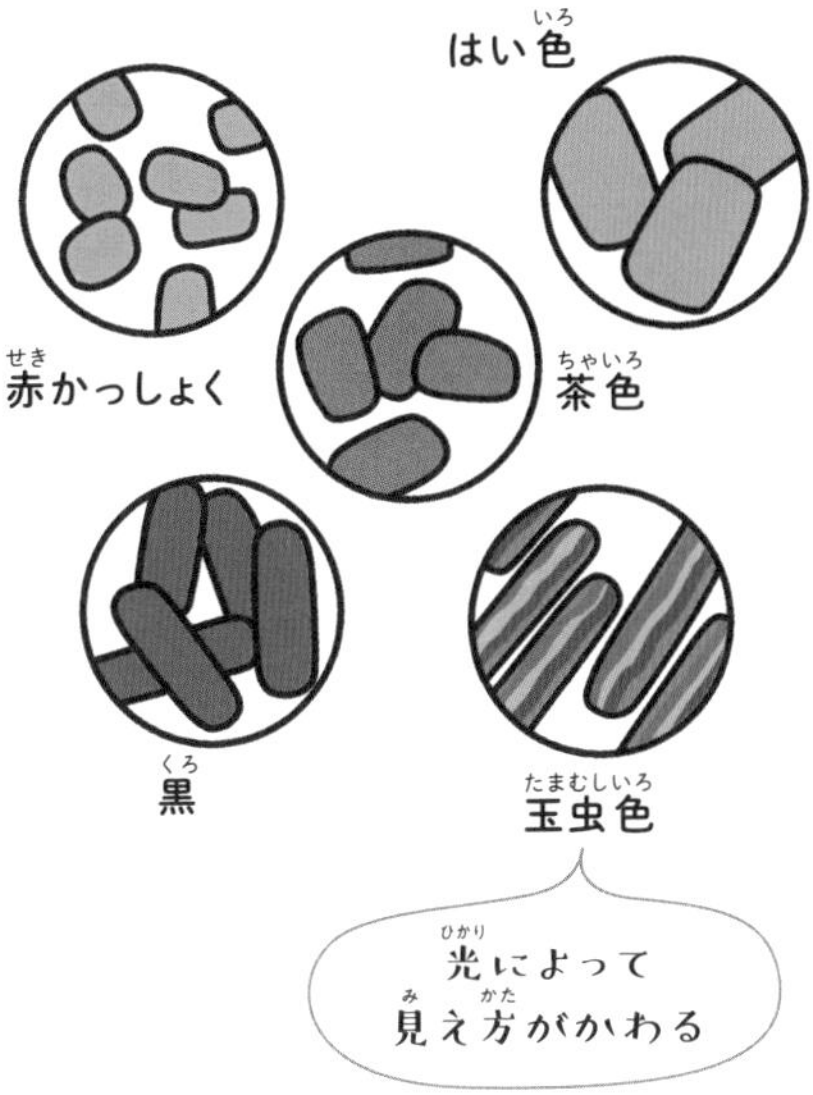

はい色《いろ》
赤《せき》かっしょく
茶色《ちゃいろ》
黒《くろ》
玉虫色《たまむしいろ》
光《ひかり》によって見《み》え方《かた》がかわる

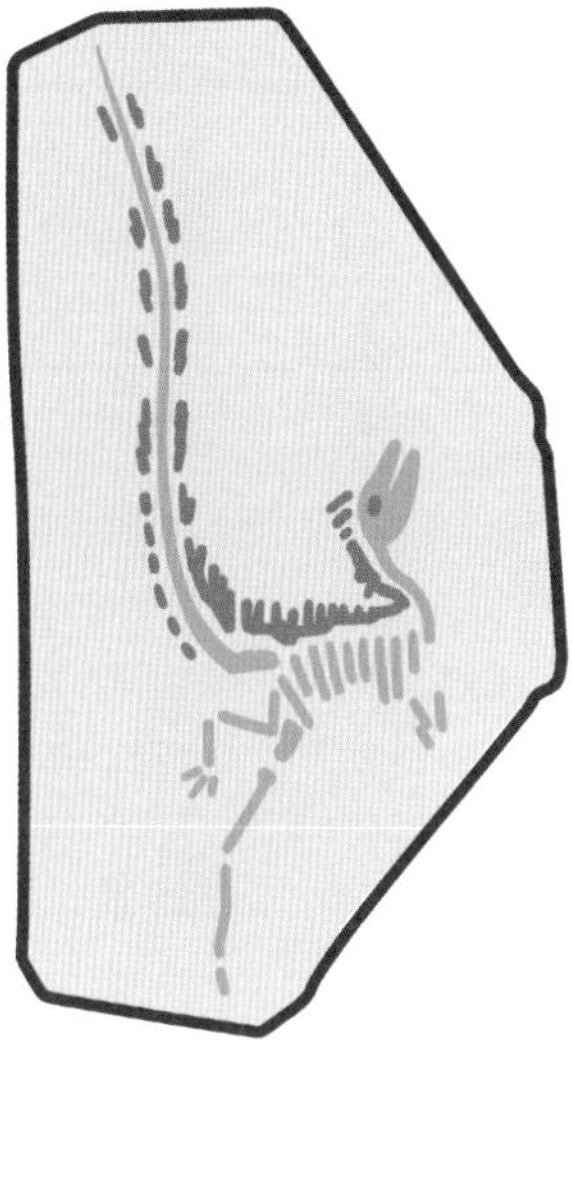

シノサウロプテリクス

化石《かせき》から、鳥《とり》の羽《はね》のような毛《け》でおおわれていたことがわかったきょうりゅうもいます。シノサウロプテリクスは、毛《け》にのこっていたもので、はじめて科学《かがく》てきに体《からだ》の色《いろ》がわかったきょうりゅうです。

ツァイホン

中国《ちゅうごく》で化石《かせき》が見《み》つかったツァイホンというきょうりゅう。頭《あたま》はクジャクのようにきれいなにじ色《いろ》だったことがわかっています。とてもカラフルなきょうりゅうもいたんですね。

うちゅう・ちきゅうのおはなし

ほういじしんのはりは、どうして北《きた》をさすの？

ほういじしんのはりは、じしゃくになっていて、いつも北《きた》をさします。でも、はりがさす北《きた》に、大《おお》きなじしゃくの山《やま》があるわけではありません。北《きた》をさすりゆうは、ちきゅう自体《じたい》が、じしゃくだからです。

じしゃくには「N《エヌ》きょく」と「S《エス》きょく」があり、N《エヌ》きょくと、ほかのじしゃくのS《エス》きょくは、くっつくせいしつがあります。

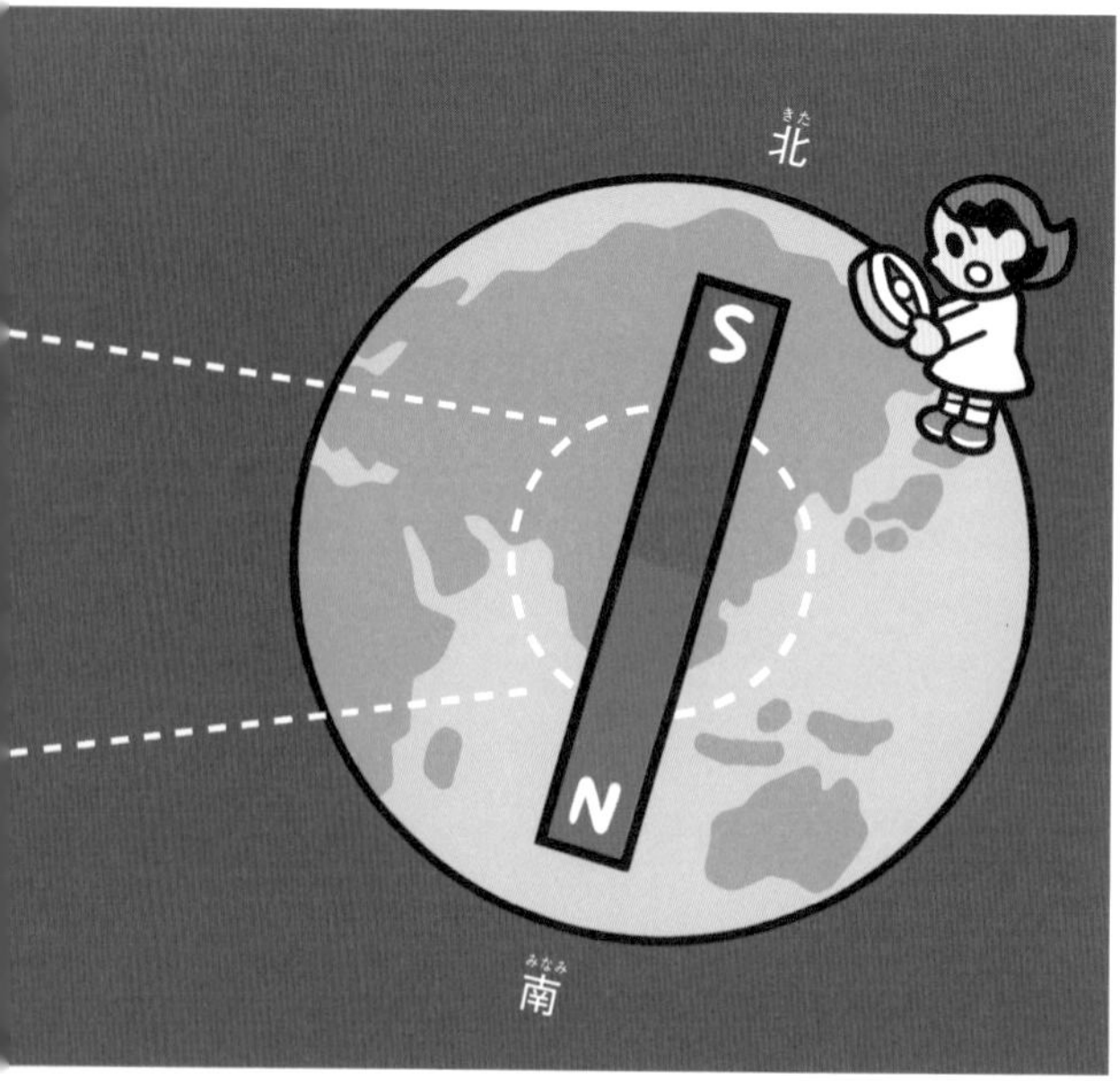

ほういじしんでは、じしゃくのはりの先《さき》は、N《エヌ》きょくです。そしてちきゅうは「北《きた》がS《エス》きょく」のじしゃくです。ほういじしんのN《エヌ》きょくがちきゅうというじしゃくの「S《エス》きょく」にむかってくっつこうとするため、はりは北《きた》をさすのです。また、ちきゅうのじしゃくの「S《エス》きょく」がある北《ほっ》きょくの近《ちか》くには、ほういじしんがじめんの下《した》をさししめすところがあります。

ちきゅうの中《なか》にはあついどろどろとした、金《きん》ぞくがあります。この金《きん》ぞくがながれることで、電気《でんき》のながれができて、じしゃくの力《ちから》が生《う》まれていると考《かんが》えられています。

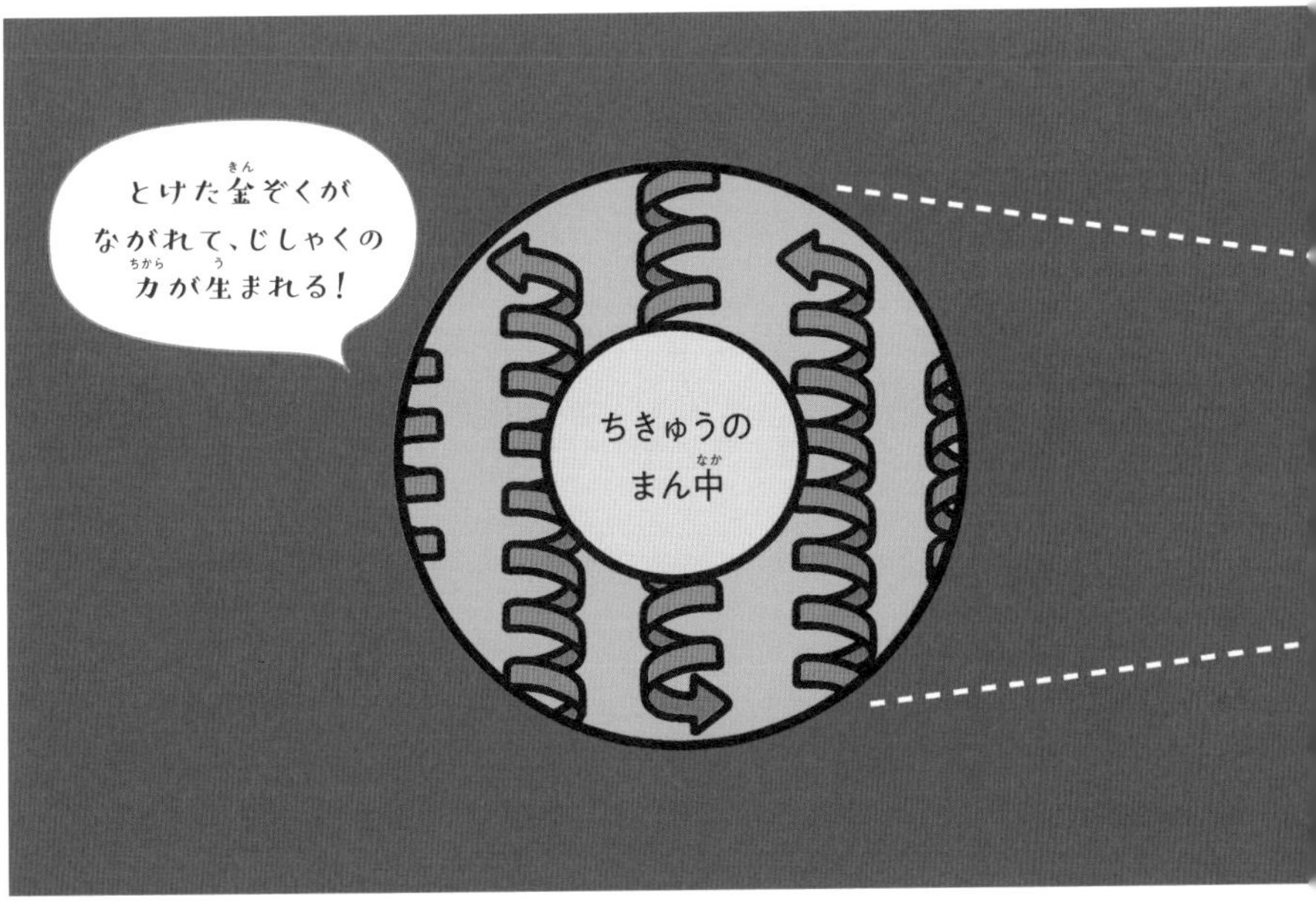

ちきゅうのじしゃくがいのちをまもっている！

ちきゅうはじしゃくの力《ちから》をもっています。
このじしゃくの力《ちから》がバリアになって、うちゅうの中《なか》でちきゅうをまもっているのです。

たいようは「たいよう風《ふう》」という大《おお》きなエネルギーの「つぶ」を出《だ》しています。とてもあつく、生《い》きものに当《あ》たるときけんです。じしゃくの力《ちから》はこのたいよう風《ふう》からちきゅうをまもっています。

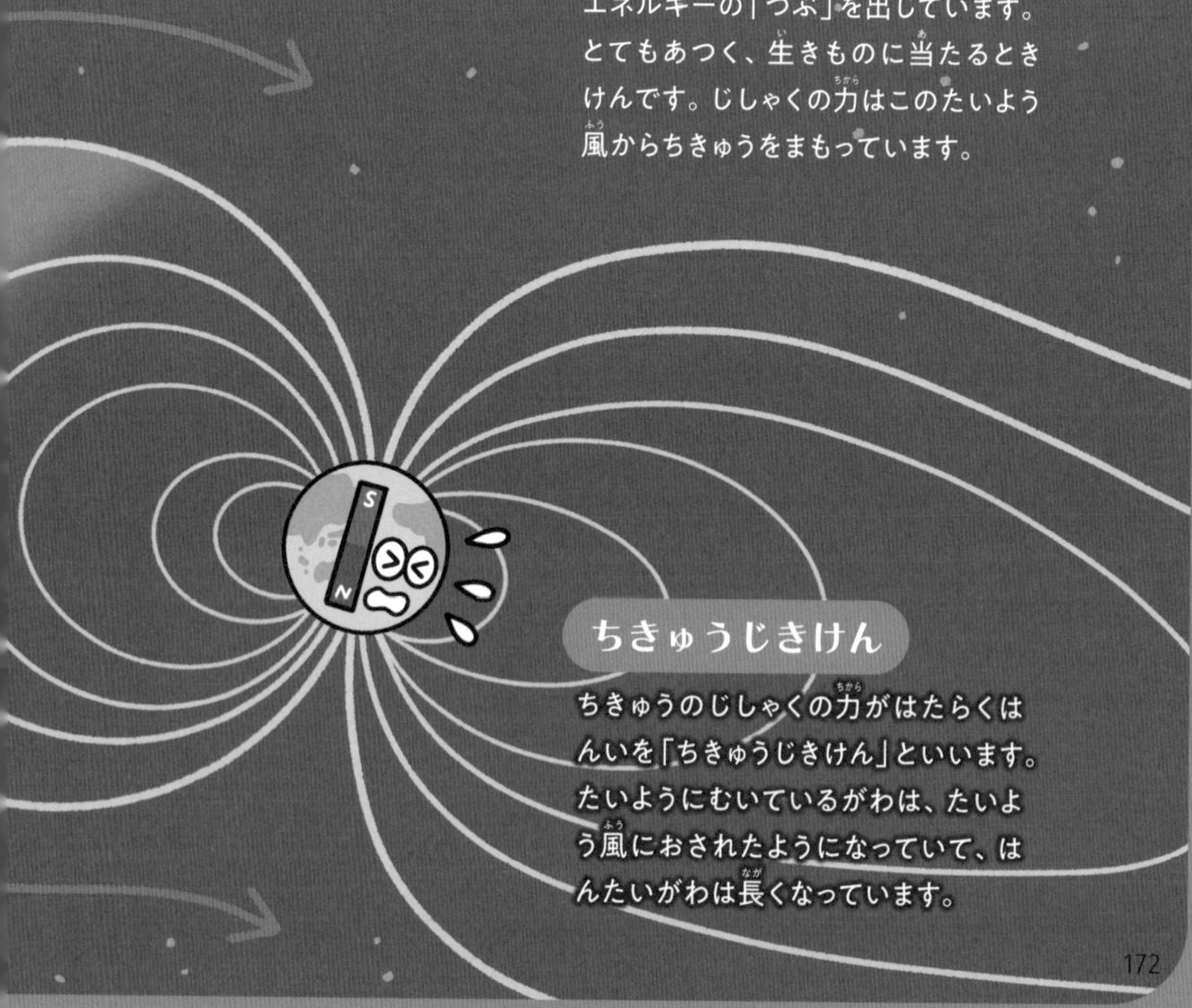

ちきゅうじきけん

ちきゅうのじしゃくの力《ちから》がはたらくはんいを「ちきゅうじきけん」といいます。たいようにむいているがわは、たいよう風《ふう》におされたようになっていて、はんたいがわは長《なが》くなっています。

オーローラができるのも、ちきゅうがじしゃくだから！

たいよう風《ふう》は、じしゃくの力《ちから》のバリアにそうように、北《ほっ》きょくと南《なん》きょくのほうへながれていきます。これが空《そら》高《たか》くにある空気《くうき》のつぶと、ぶつかって光《ひか》ると、オーロラになります。

たいよう風《ふう》

2日《か》から5日《か》かけてちきゅうにとどきます。たいようのかつどうがさかんになると、強《つよ》くなります。

うちゅう・ちきゅうのおはなし

ながれ星《ぼし》って、ちきゅうにおちてこないの？

ながれ星《ぼし》の正体《しょうたい》は、うちゅうをただよう小《ちい》さなチリです。ほとんどが、ちょっけい1ミリメートルから、数《すう》センチメートルくらいの大《おお》きさしかありません。

ちきゅうのまわりには、大気《たいき》という空気《くうき》のまとまりがあって、そこにチリがもうスピードでとびこむと、おんどが高《たか》くなり明《あか》るい光《ひかり》をはなちます。

これがながれ星《ぼし》です。

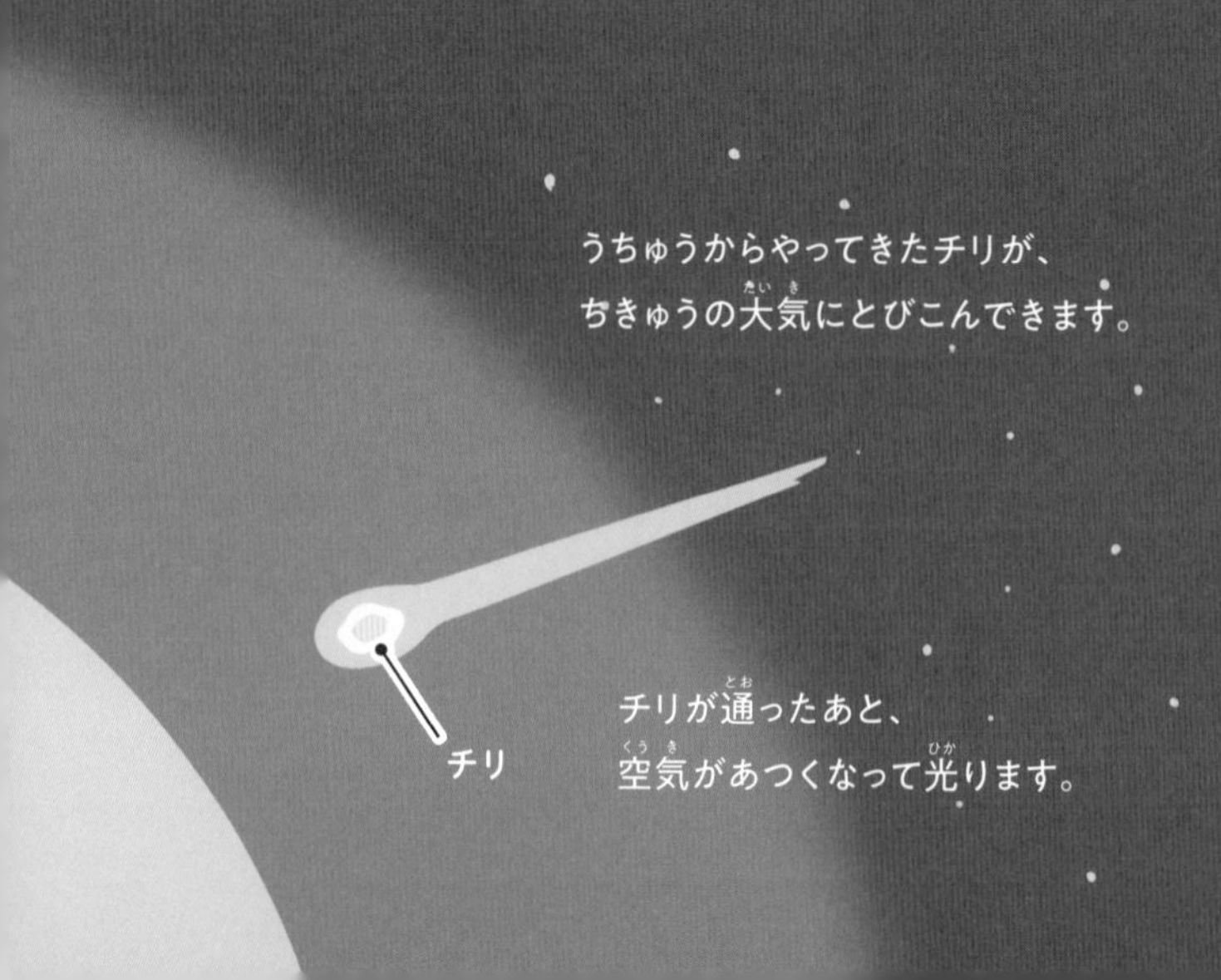
うちゅうからやってきたチリが、
ちきゅうの大気《たいき》にとびこんできます。
チリ
チリが通《とお》ったあと、
空気《くうき》があつくなって光《ひか》ります。

いつどこで見《み》られるか、よそくはできませんが、毎年《まいとし》きまったじきに同《おな》じほうこうから、たくさんのながれ星《ぼし》があらわれることがあります。これを「りゅうせいぐん」といいます。

数《かぞ》えきれないほどのチリが、毎日《まいにち》のように大気《たいき》にとびこみ、ほとんどがとちゅうでもえつきてしまいます。もえつきずに地上《ちじょう》までおちてきたものが、いん石《せき》です。

いん石《せき》はすごいスピードでおちてくるので、小《ちい》さくてもきけんです。大《おお》きいとクレーターというへこみができます。クレーターは、ちきゅう上《じょう》でやく200こも見《み》つかっています。

わあ！ ながれ星《ぼし》
チリはちきゅうにとどくまでに小《ちい》さくなってきえていきます。

空《そら》いっぱいのながれ星《ぼし》はいつ見《み》られる？

年《ねん》に数回《すうかい》、ながれ星《ぼし》がたくさん見《み》られるときがあります。毎年《まいとし》だいたい同《おな》じじきなので、しらべておくと見《み》に行《い》くことができます。

りゅうせいぐんの名前《なまえ》 しぶんぎ座《ざ》りゅうせいぐん

見《み》られるじき 12月《がつ》28日《にち》～ 1月《がつ》12日《にち》

極大日《きょくだいび》 1月《がつ》4日《か》ごろ

北斗七星《ほくとしちせい》
りゅう座《ざ》
放射点《ほうしゃてん》
うしかい座《ざ》

見《み》られるじきの中《なか》で、もっとも多《おお》くのながれ星《ぼし》を見《み》られる日《ひ》を「極大日《きょくだいび》」といいます

ながれ星《ぼし》がとびだす中心《ちゅうしん》となる点《てん》を「放射点《ほうしゃてん》」といいます

りゅうせいぐんの名前《なまえ》 ペルセウス座《ざ》りゅうせいぐん

見《み》られるじき 7月《がつ》17日《にち》～ 8月《がつ》24日《か》

極大日《きょくだいび》 8月《がつ》13日《にち》ごろ

ペルセウス座《ざ》
放射点《ほうしゃてん》

りゅうせいぐんの名前《なまえ》 ふたご座《ざ》りゅうせいぐん

見《み》られるじき 12月《がつ》4日《か》～12月《がつ》17日《にち》

極大日《きょくだいび》 12月《がつ》14日《か》ごろ

放射点《ほうしゃてん》
ふたご座《ざ》

極大日《きょくだいび》は数日《すうじつ》ずれることがあるので、国立天文台《こくりつてんもんだい》のウェブサイトでしらべておきましょう！

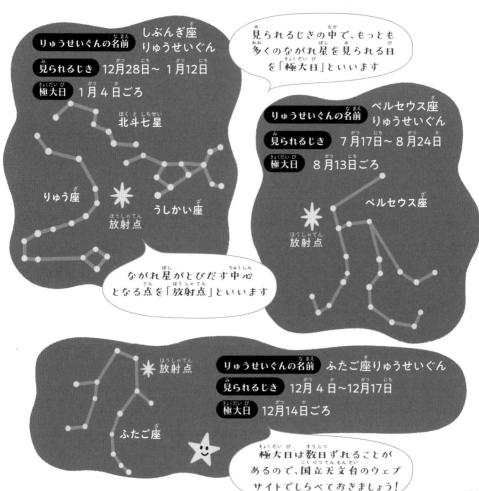

やってみよう！

りゅうせいぐんを見《み》に行《い》こう！

かい中電《ちゅうでん》とうをもって、おとなといっしょに行《い》きましょう。

ようするもの　かい中電《ちゅうでん》とう、レジャーシート、上着《うわぎ》など

1 りゅうせいぐんが見《み》られるじきや、今年《ことし》の極大日《きょくだいび》をしらべる。見《み》られる方角《ほうがく》もかくにんしておこう。

2 空《そら》が見《み》わたせる、広《ひろ》いばしょに行《い》く。がいとうなどの明《あ》かりが少《すく》ないばしょにする。

3 あおむけになって、空《そら》を15分《ふん》くらい見《み》つづける。

うちゅう・ちきゅうのおはなし

ちきゅうは本当《ほんとう》に回《まわ》っているの？

ちきゅうは1日《にち》に1かい回《まわ》っています。これを「じてん」といいます。じてんのはやさは、ばしょによってちがい、日本《にほん》では、じそく1500キロメートルにもなります。東海道《とうかいどう》しんかんせんのさいこうそくどは、じそく285キロメートル。つまりちきゅうは、しんかんせんの何《なん》ばいものはやさで回《まわ》っているのです。それなのに、なぜ、わたしたちには、

ちきゅう　しんかんせんやジェットきと同《おな》じように、ちきゅう上《じょう》にいる人《ひと》はうごきをかんじません。

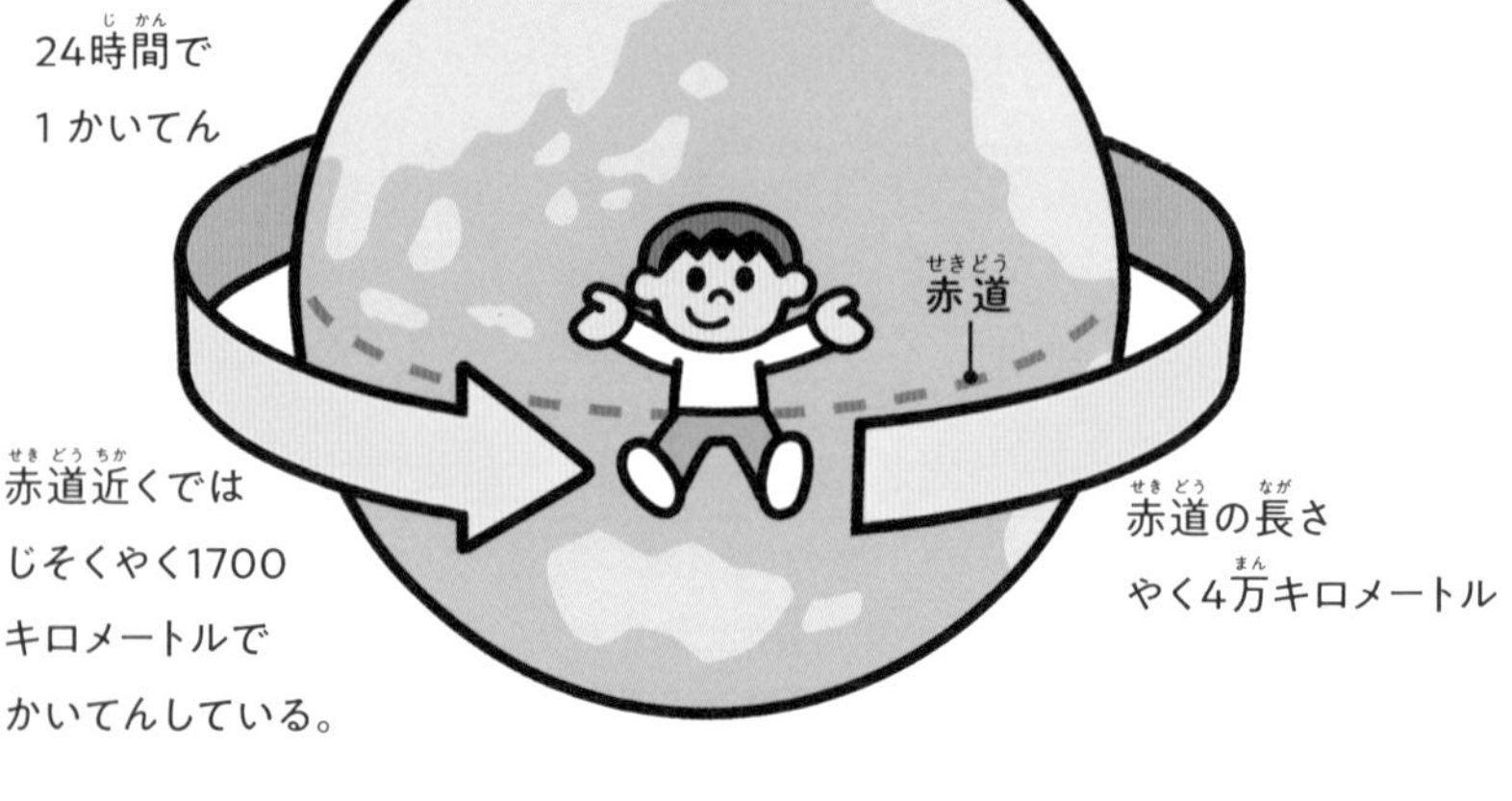
24時間《じかん》で
1かいてん
赤道《せきどう》
赤道近《せきどうちか》くでは
じそくやく1700
キロメートルで
かいてんしている。
赤道《せきどう》の長《なが》さ
やく4万《まん》キロメートル

回《まわ》っているとわからないのでしょう。

それは、わたしたちも、ちきゅうといっしょに回《まわ》っているからです。

ひこうきやしんかんせん、または車《くるま》にのっているとき、目《め》をつぶると、自分《じぶん》がうごいているとかんじません。それと同《おな》じです。それでも、のりものでは、外《そと》のけしきがかわるので、自分《じぶん》がうごいているとわかりますよね。

ところが、ちきゅうはまわりのものや空気《くうき》までいっしょに回《まわ》っているので、ますますうごいていることがわからないのです。

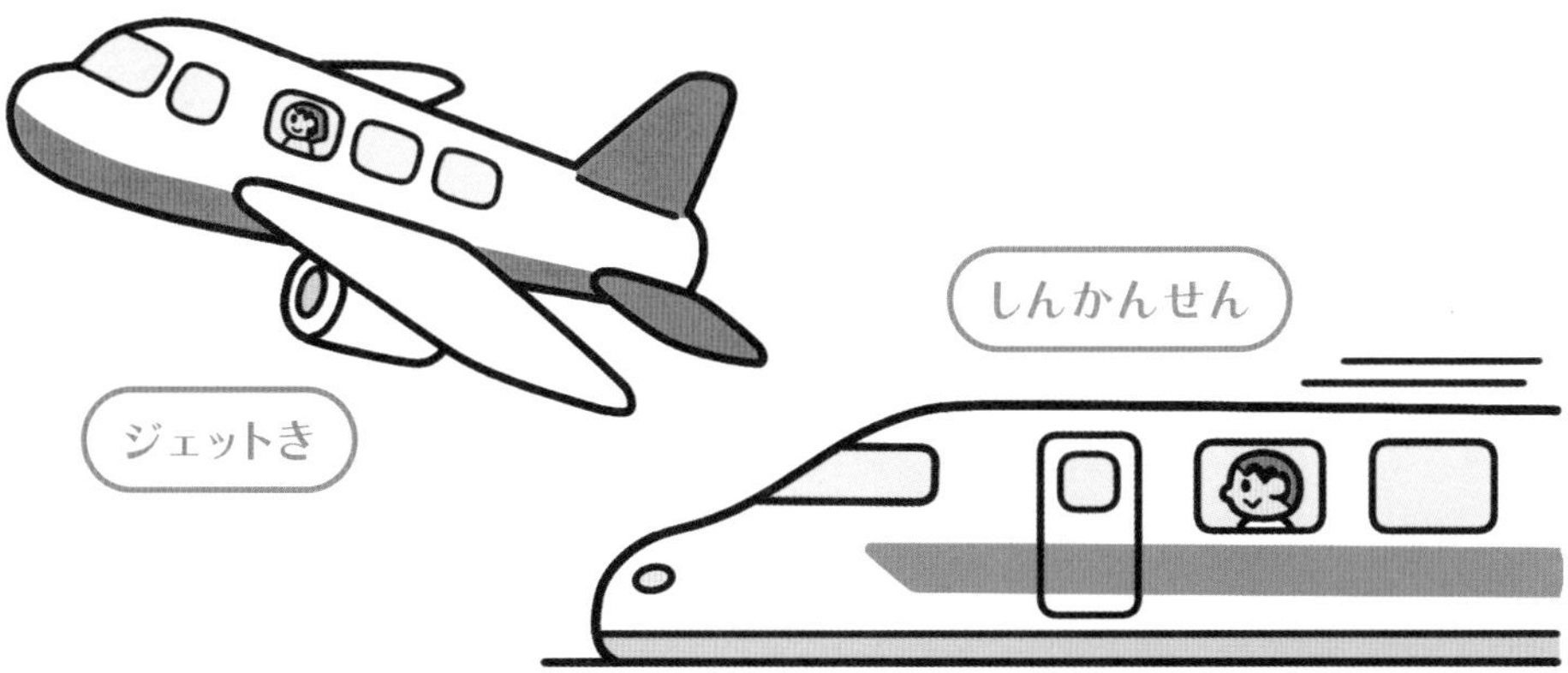

じそく285キロメートルで走《はし》っても、のっている人《ひと》は自分《じぶん》がうごいているとかんじません。

ほかの星《ほし》も回《まわ》っているの？

ちきゅうはじてんしながら、たいようのまわりをおよそ1年《ねん》に1しゅうのペースで回《まわ》っています。このことを「こうてん」といいます。たいようのまわりを回《まわ》っている星《ほし》は、ほかにも7つあり、「たいようけい」とよばれています。

それぞれの星《ほし》も、じてんしながら、たいようのまわりを回《まわ》っています
天王星《てんのうせい》
じてんのほうこうやかくどがちがう星《ほし》もあります。天王星《てんのうせい》はじてんのじくが、ほぼよこだおしになっています

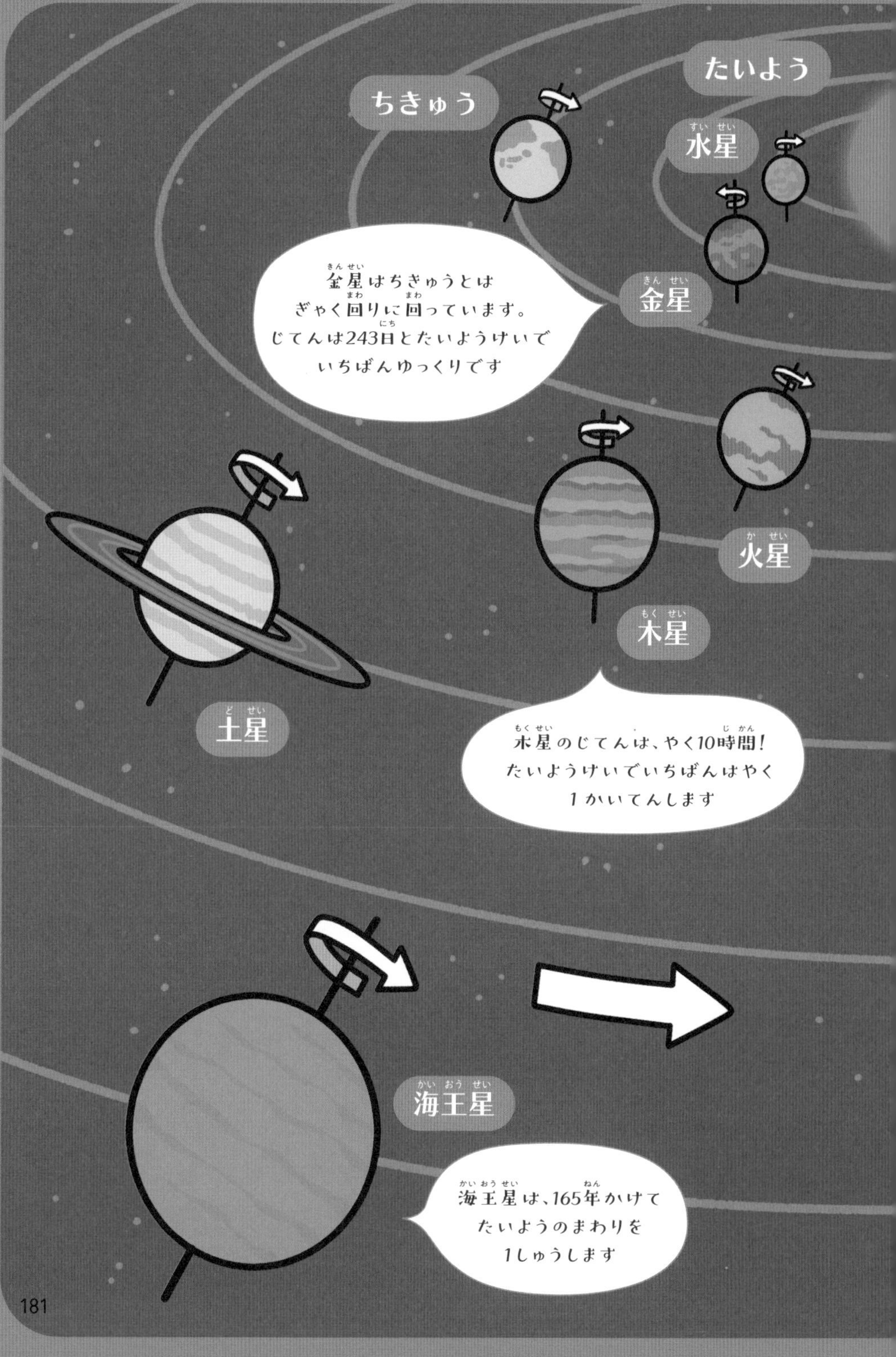
たいよう
ちきゅう
水星《すいせい》
金星《きんせい》はちきゅうとは
ぎゃく回《まわ》りに回《まわ》っています。
じてんは243日《にち》とたいようけいで
いちばんゆっくりです
金星《きんせい》
火星《かせい》
木星《もくせい》
木星《もくせい》のじてんは、やく10時間《じかん》！
たいようけいでいちばんはやく
1かいてんします
土星《どせい》
海王星《かいおうせい》
海王星《かいおうせい》は、165年《ねん》かけて
たいようのまわりを
1しゅうします

うちゅう・ちきゅうのおはなし

月《つき》がなかったらどうなるの？

月《つき》がないと、1日《にち》が24時間《じかん》ではなく、8時間《じかん》ほどになり、1日《にち》がみじかくなっていたでしょう。ちきゅうはコマのようにぐるぐる回《まわ》り、1回《まわ》りするのに24時間《じかん》かかります。これが1日《にち》です。

でも、ちきゅうができたころは、もっとはやく回《まわ》っていました。

時間《じかん》がたつにつれ、ちきゅうと月《つき》が引《ひ》き合《あ》う力《ちから》によって、ちきゅうの回《まわ》るはやさが少《すこ》しずつおそ

1日《にち》が8時間《じかん》になる
8
7
1
6
2
5
3
4
あと1時間《じかん》で
日《ひ》がくれちゃう！

くなっていきました。

だから、月《つき》がなかったら、今《いま》もちきゅうは、ものすごいはやさで、回《まわ》っていたことでしょう。わたしたちは、あっという間《ま》にすぎさる1日《にち》をすごしていたかもしれません。

しかも、そのちきゅう上《じょう》では、はげしい風《かぜ》がずっとふきつづきます。そして海《うみ》もあれます。

そんなちきゅうでは、生《い》きものが生《う》まれたとしても、みをまもるために、今《いま》とはちがう形《かたち》にしんかしていたことでしょう。人間《にんげん》も、もしかすると、まったくちがう、すがただったかもしれませんね。

いつもあれた天気《てんき》
外《そと》に出《で》るのがたいへん！
夜《よる》もまっくら
星《ほし》は見《み》えるけど、まっくらだなあ

月《つき》にいるのはウサギだけじゃない！

日本《にほん》では月《つき》のもようが「もちをつくウサギ」に見《み》えるといわれます。しかし、せかいの国《くに》では、いろいろなもように見《み》えるようです。あなたには何《なん》のもように見《み》えますか？

かみの長《なが》い女《おんな》の人《ひと》
（北《きた》アメリカ・東《ひがし》ヨーロッパ）
ワニ
（南《みなみ》アメリカ）
ロバ
（南《みなみ》アメリカ）

月《つき》のもようの正体《しょうたい》は？

　月《つき》のもようの白《しろ》っぽいぶぶんは、いん石《せき》がぶつかったときにできた、細《こま》かい岩石《がんせき》のつぶがつもっています。黒《くろ》っぽいぶぶんは、ようがんによってできたところで、「月《つき》の海《うみ》」とよばれます。

うちゅう・ちきゅうのおはなし

たいようは、うちゅうでいちばん大《おお》きいの？

たいようは、ちきゅうの100ばいよりも、ずっと大《おお》きな星《ほし》。ちきゅうをふくむ「たいようけい」というはんいの中《なか》では、いちばん大《おお》きな星《ほし》です。けれど、うちゅうには数《かぞ》えきれないほどたくさんの星《ほし》があります。たいようより大《おお》きな星《ほし》もたくさん見《み》つかっています。

今《いま》、うちゅうでいちばん大《おお》きいといわれている星《ほし》は、スティーブンソン2―18という星《ほし》。その大《おお》きさは、なんとちきゅうのやく24万《まん》ばいといわれています。

しかし、もっと大《おお》きい星《ほし》がこの先《さき》見《み》つかるかもしれません。

スティーブンソン2−18

たいようのやく2000ばい、
ちきゅうのやく24万《まん》ばいの大《おお》きさ。

まだまだ
上《うえ》がいるかもよ？
えっ　こんなに
大《おお》きいの？
たいよう
ちきゅう
ぼうえんきょうが
あたらしくなって、いろいろな
ことがわかるようになるにつれて、
いちばん大《おお》きい星《ほし》や
ランキングはたびたびかわるよ！

大《おお》きな
星《ほし》のあつまり
「ぎんが」

うちゅうでは、たくさんの星《ほし》があつまって、「ぎんが」という星《ほし》のあつまりをつくります。ちきゅうがある「たいようけい」もほかの星《ほし》といっしょになって、ひとつのぎんがをつくっています。

天《あま》の川《がわ》の正体《しょうたい》

夜空《よぞら》に白《しろ》っぽくかがやく天《あま》の川《がわ》。ぼうえんきょうなどで見《み》てみると、たくさんのくらい星《ほし》があつまっているのがわかります。じつは、天《あま》の川《がわ》は、天《あま》の川《がわ》ぎんがをうちがわから見《み》たすがたです。

天《あま》の川《がわ》ぎんがをよこから見《み》ると…
たいようけい
まん中《なか》は星《ほし》でできたふくらみです
たいようけいも
この中《なか》に！

天《あま》の川《がわ》が川《かわ》のように見《み》えるわけ

天《あま》の川《がわ》ぎんがを「どらやき」に見《み》立《た》てて考《かんが》えてみましょう。あんこは星《ほし》のあつまりです。たいようけいは、どらやきのはしのほうにある、あんこの中《なか》にあります。下《した》の絵《え》のようにどらやきを切《き》ってみます。切《き》ったどらやきのあいだから見《み》ると、切《き》り口《くち》が川《かわ》のように見《み》えます。これが天《あま》の川《がわ》です。夏《なつ》は大《おお》きいほうのどらやき（天《あま》の川《がわ》ぎんが）を見《み》ていて、あんこ（星《ほし》）が多《おお》いのでこく見《み》えます。はんたいに、冬《ふゆ》は小《ちい》さいほうを見《み》ていて、あんこ（星《ほし》）はうすく見《み》えます。

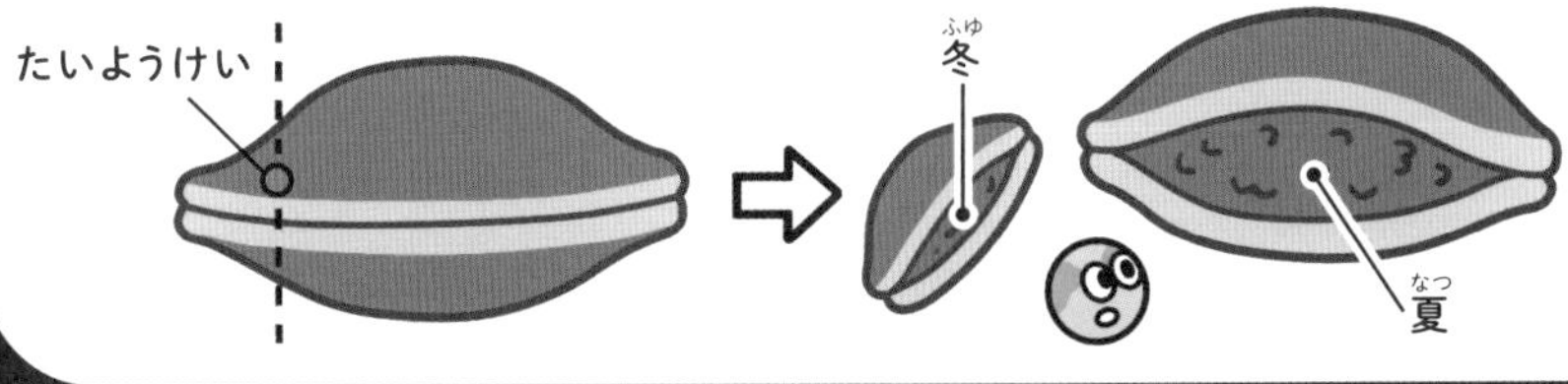
たいようけい
冬《ふゆ》
夏《なつ》

おうちの方へ

インターネットを利用すれば、簡単に欲しい情報を手に入れることができるようになりました。しかし、誰でも手軽に発信できるというインターネットの情報には、その情報が間違っていたとしても、誰もその責任を問われないという危うさがあります。

これに対して本からは、発信者がはっきりしているので、はるかに信頼性の高い情報を手に入れることができます。また、まとまった知識が身につくだけでなく、活字を通して情報を読み解く力や、論理的な思考力や集中力など、生きて働く力が身につくという効果もあります。

本書は、子どもたちが持っている科学への興味・関心をもとに、科学の面白さを感じることできる、様々な情報を選び制作しました。本書を読むことで、科学への興味・関心がさらに高まっていただけたら幸いです。

監修　横山 正

参考文献

- 『なぜ?ど～して?図鑑』永岡書店
- 『小学館の図鑑NEO 人間』小学館
- 『角川の集める図鑑GET! 人体』KADOKAWA
- 『小学館の図鑑NEO+ぷらす くらべる図鑑』小学館
- 『講談社の動く図鑑MOVE 鳥 新訂版』講談社
- 『角川の集める図鑑GET! 動物』KADOKAWA
- 『小学館の子ども図鑑プレNEO 楽しく遊ぶ学ぶ ふしぎの図鑑』小学館
- 『小学館の子ども図鑑プレNEO 楽しく遊ぶ学ぶ まだある!ふしぎの図鑑』小学館
- 『ニューワイド学研の図鑑i ひみつの図鑑』学研教育出版
- 『ニューワイド学研の図鑑 自動車・飛行機』学研プラス
- 『学研の図鑑LIVE もののしくみ』学研プラス
- 『小学館の図鑑NEO 乗りもの』小学館
- 『社会でがんばるロボットたち』鈴木出版
- 『雑学科学読本 身のまわりのすごい技術大百科』KADOKAWA
- 『小学館の図鑑NEO 地球』小学館
- 『小学館の図鑑NEO 宇宙』小学館
- 『学研の図鑑LIVE eco 異常気象』学研プラス
- 『ビジュアル 宇宙をさぐる!』ポプラ社
- 『科学のなぜ?新事典』受験研究社
- 『東大卒の教師が教える こどもの科学の疑問に答える本』彩図社
- 『総合百科事典ポプラディア第三版』ポプラ社

参考サイト

- 宇宙航空研究開発機構　https://www.jaxa.jp/

監修

横山正　よこやま ただし

1947年東京生まれ。東京学芸大学大学院修士課程修了。同附属小金井小学校副校長を経て2007年3月まで東京都杉並区立和田小学校校長。2004年、児童ひとり1台を想定した124台のノートパソコンを導入し、全国に先駆けてSqueakでのプログラミング教育を取り入れ、話題となる。毎日小学生新聞や朝日小学生新聞にコラムを連載し、多くの子どもたちに理科の楽しさを伝える活動を行う。文部省（現文部科学省）達成度調査委員・指導資料作成協力者委員・学習指導要領作成協力者委員などを通して、日本の小学校理科学習の指針づくりに関わる。現在は法務省人権擁護委員、公益財団法人豊島修練会理事長を務めながら、都内各小学校の研究・研修活動の支援に携わっている。

『理科の実験・観察　生物・地球・天体編』『同 物質とエネルギー編』（ポプラ社）を執筆・監修。理科教科書の編集、児童向けの編著書も多数ある。

部分監修
日本動物園水族館協会顧問　成島悦雄

たのしい！ 科学のおはなし2年生

監　修　横山正
発行者　高橋秀雄
編集者　外岩戸春香
発行所　**株式会社 高橋書店**
〒170-6014 東京都豊島区東池袋3-1-1 サンシャイン60 14階
電話　03-5957-7103

ISBN978-4-471-10472-6

本書の内容についてのご質問は「書名、質問事項（ページ、内容）、お客様のご連絡先」を明記のうえ、郵送、FAX、ホームページお問い合わせフォームから小社へお送りください。

回答にはお時間をいただく場合がございます。また、電話によるお問い合わせ、本書の内容を超えたご質問にはお答えできませんので、ご了承ください。本書に関する正誤等の情報は、小社ホームページもご参照ください。

【内容についての問い合わせ先】
書　面　〒170-6014 東京都豊島区東池袋3-1-1 サンシャイン60 14階　高橋書店編集部
F A X　03-5957-7079
メール　小社ホームページお問い合わせフォームから　（https://www.takahashishoten.co.jp/）

【不良品についての問い合わせ先】

ページの順序間違い・抜けなど物理的欠陥がございましたら、電話03-5957-7076へお問い合わせください。

ただし、古書店等で購入・入手された商品の交換には一切応じられません。